W0310531

Zum Diplom
Sommer 1989
von
Bärbel + Uwe

Zweistein
87 neue Logeleien

aus dem
ZEIT*magazin*

WILHELM HEYNE VERLAG
MÜNCHEN

HEYNE RATGEBER
08/9214

Copyright © 1985 by Rasch und Röhring Verlag, Hamburg
Genehmigte Taschenbuchausgabe
Printed in Germany 1989
Umschlagzeichnung: Studio Reisenberger
Umschlaggestaltung: Atelier Ingrid Schütz, München
Gesamtherstellung: Presse-Druck Augsburg

ISBN 3-453-03429-5

Vorwort

Seit mehr als zwanzig Jahren zieht Zweistein Woche für Woche seine logischen Stolperdrähte in der »ZEIT«. Es müssen um die tausend Logeleien sein, die ihm während all der Jahre in den Sinn gekommen sind. Doch als ihn kürzlich ein Lexikon-Verlag bat, eine Definition für das von ihm geprägte Wort »Logelei« zu schreiben, kaute er lange am Kugelschreiber. Schließlich kam eine ziemlich umständliche Worterklärung zustande.

Leute mit weniger lexikographischen Ambitionen können sicher mehr mit dieser Erklärung anfangen: Logeleien sind kurze Geschichten, mehr nicht. Sie unterscheiden sich von anderen Erzählungen nur dadurch, daß die Pointe nicht mitgeteilt wird. Denn sie ergibt sich eindeutig von selbst und offenbart sich jedem, der folgerichtig zu denken vermag. Das aber kann jeder, wir tun es jeden Tag unzählige Male. Dennoch gibt es Leute, die meinen, Logeleien seien zu schwer für sie. Wie reimt sich das zusammen?

Zweistein vermutet, daß dies die Folge des Traumas ist, das viele Menschen aus dem Matheunterricht ihrer Schulzeit mit sich herumschleppen. Mathematisches Können wird aber nicht verlangt. Selbst die Kreuzzahlrätsel sind mit dem gesunden Menschenverstand zu lösen, und den haben wir doch alle, oder?

Also: Nur Mut! Sie werden sehen: Logeln macht Spaß.

Zweistein

1. Grünes Fest

In Reinheide feiern die dort ansässigen alternativen Landwirte wieder einmal ihr traditionelles »Grünes Fest«. Wie alle anderen Veranstaltungen ist auch der Auftakt zu den fröhlichen Tagen äußerst gesund: das traditionelle Mohrrüben-Essen. Freilich ist es alles andere als ein gemütliches Mahl. Denn es geht darum, wer innerhalb einer halben Stunde die meisten Rüben verspeist.
Hei, wie da gemampft wird! Aber die meisten geben vorzeitig auf. Möhren machen Mühe. So erreichen nur vier Teilnehmer das Zeitziel. Bei ihnen also werden die verbliebenen Strünke der gegessenen Rüben gezählt.
Doch es gibt Unstimmigkeiten bei der Auswertung. Einige Juroren haben sich verzählt, andere meinen, die Teilnehmer hätten mitgebrachte Möhrenstrünke unter die Reste des Wettmahls gemogelt. Kurzum, es muß autoritär entschieden werden, wer von den vier Unentwegten welchen Platz erhalten soll. Dies obliegt dem Dorflehrer, der also verkündet:
»Wenn Alternat weder Erster noch Letzter ist, dann ist Langbart entweder Zweiter oder Dritter. Wenn Langbart nicht Letzter und Jutensack nicht Zweiter ist, dann ist Komposter Erster oder Dritter. Wenn der Sieger weder Jutensack noch Langbart ist, dann ist Komposter entweder Zweiter oder Vierter. Wenn Jutensack nicht Letzter und Alternat nicht Zweiter

ist, dann ist entweder Komposter oder Jutensack Sieger.«

Damit war jeder zufrieden – die meisten wohl, weil sie nicht wußten, wie nun das Ergebnis lautete. Wie?

2. Wenn Logiker tanzen

Beim Logikerball ist Paulchen wieder in seinem Element. Kaum hat er uns erspäht, kommt er schon zu uns. »Wen seht ihr dort am Nachbartisch?« fragt er noch im Laufen, »Britta, Dagmar, Celina und Frauke seht ihr. Mit Nachnamen heißen sie Kunz, Lange, Meier und Normann. Und wer ist wer? Ich werd's euch in fünf Sätzen sagen. Doch aufgepaßt; von jedem dieser fünf Sätze ist nur eine Hälfte wahr, die andere trifft nicht zu:
Die Blonde heißt Kunz, und Frauke heißt Lange.
Die Rothaarige heißt nicht Dagmar, und Frauke ist nicht die Brünette.
Britta ist nicht brünett, und Dagmar heißt nicht Normann.
Britta ist nicht die Schwarzhaarige, und Celina ist nicht brünett.
Celina heißt Meier, und die Schwarzhaarige heißt Normann.«
Die letzte Silbe noch auf den Lippen, flitzt Paulchen schon zum nächsten Opfer.
»Wer also ist wer?« ruft er uns im Laufen zu.

3. Bei Dummen knallt's

Soeben hat der Postbote ein Paket gebracht. Absender ist ein »Kampfbund zur Ausrottung der Dummheit«. Ich habe es ausgepackt und darin einen Kasten gefunden, auf dem diese Nachricht klebt:

»Mit dem Öffnen des Pakets haben Sie eine Zeitbombe aktiviert. Sie explodiert in zwanzig Minuten, es sei denn, Sie bringen die vier an dem Kasten befindlichen, numerierten Schalter in die richtigen Stellungen (nach oben beziehungsweise unten). Dies sollte Ihnen gelingen, wenn Sie diese Warnung beachten: Bei jeder der folgenden Schalterstellungen wird es knallen:

a) alle Schalter oben;
b) 2 und 4 in der gleichen Stellung und 1 unten;
c) 4 oben, 1 und 3 unten;
d) 1 und 3 in der gleichen Stellung und 4 unten;
e) 1 oben, 2 und 4 unten;
f) 3 unten und falls 1 unten, dann auch 4 unten;
g) 3 oben, 1 unten und falls 2 oben, dann 4 unten.«

Gottlob fand ich die einzig richtigen Schalterstellungen rechtzeitig. Welche?

4. Was durch was?

```
A B C D E F : G B H = E B I C
H A C
G H K D
G E G G
    F B E
    D C I
    G K B F
    G K H D
        A G
```

Gleichen Buchstaben entsprechen gleiche, verschiedenen Buchstaben verschiedene Ziffern.
Was wird hier durch was geteilt?

5. Der Mord im Sprechzimmer

Ein langer Brief aus Knusiland. Unser dorthin entsandter Völkerkundler schreibt:

»In Bebi ist ein Psychiater umgebracht worden. Verdächtig sind die vier Patienten, die am Mordtag im Wartezimmer gesessen und nacheinander das Zimmer des Arztes betreten hatten, wo jeder allein mit dem Doktor gewesen war. Die vier Herren sind Bebianer, also Leute, die mit jeder Aussage die Unwahrheit sagen. Ihre Namen: Ali, Eli, Ili und Oli.

Vor der Polizei (bebische Polizisten sind Abianer und lügen nie) machten die Verdächtigen diese acht Aussagen:

Ali: ›Als ich das Behandlungszimmer betrat, war der Arzt schon tot. Der Mörder ist nicht nach mir in dem Zimmer gewesen.‹

Eli: ›Von uns vieren war ich der zweite, der das Ordinationszimmer betrat. Der Arzt war schon tot, als ich in das Zimmer kam.‹

Ili: ›Als ich das Zimmer des Arztes verließ, lebte er noch. Keiner von uns vieren hat den Arzt umgebracht.‹

Oli: ›Ich betrat als dritter das Zimmer. Als ich es verließ, lebte der Arzt noch.‹

Jetzt wüßte ich gern, wer der Mörder war.« Wer?

6. Noch ein Brief aus Knusiland

Noch einmal Post aus Knusiland. Unser dorthin entsandter Forscher schreibt:

»Inzwischen weiß wohl jeder, daß Knusiland von drei Volksstämmen bewohnt wird, den Abianern, die stets die Wahrheit sagen, den Bebianern, die mit jeder Aussage lügen, und den Cebianern, die wechselnd wahrheitsliebend sind. Hat ein Cebianer eine wahre Aussage gemacht, so ist sein nächster Satz garantiert unwahr. Hat er jedoch mit einer Aussage gelogen, so ist seine darauffolgende wahr.

Neulich traf ich Herrn Drasi, einen politisch versierten Knusiländer. Dies gab mir die Gelegenheit, ihn zu bitten, mir die Positionen der vier knusischen Parteien zu erläutern, der ›Knusischen Alternativpartei‹, der ›Partei aufrechter Knusianer‹, der ›Alten Knusianerpartei‹ und der ›Neuen Knusianerpartei‹. Jede ist entweder eine rechte oder eine linke Partei. Aber welche wo steht, das weiß ich leider nicht. Drasi gab mir bereitwillig die folgenden vier Auskünfte:

›Wenn die AKP rechts ist, dann ist entweder die KAP oder die PAK links.

Wenn die NKP links ist, dann ist die PAK rechts.

Entweder sind PAK und NKP beide rechts, oder AKP und KAP sind beide links.

Wenn die KAP links ist, dann ist von NKP und AKP mindestens eine links.‹

Dies aber sagte mir wenig, weil ich nicht weiß, welchem Stamm Drasi angehört. Also fragte ich meinen Freund Asi danach, einen Abianer, der Drasi gut kennt. Aber Asi sagte nur: ›Würdest du die Stammeszugehörigkeit Drasis kennen, könntest du den Auskünften eindeutig die Positionen der Parteien entnehmen.‹«

Welchem Stamm gehört Drasi an?

7. Leute mit Kindern

Im Nachbarhaus wohnen fünf Ehepaare. Ihre Namen sind Lang, Meier, Niemann, Otte und Pahl. Eine der Ehefrauen heißt mit Vornamen Anke, eine Barbara, eine Christa, eine Dorothea und eine Elke. Die Vornamen der Männer: Frank, Gert, Herbert, Joseph und Kai.

Kai hat mehr Kinder als Frank, und keiner von den beiden ist mit Anke oder Elke verheiratet. Christa hat zwei Kinder mehr als Gert und dieser wiederum zwei mehr als die Niemanns. Weder Barbara noch Dorothea ist Frau Pahl, und von den beiden ist keine mit Herrn Meier verheiratet. Es ist zwar richtig, daß eine der fünf Frauen nur ein Kind hat, aber das ist weder Barbara noch Dorothea, noch Frau Meier, noch Frau Pahl. Christa hat nicht die meisten Kinder. Auch Joseph hat nicht die meisten Kinder, wiewohl er soviel hat wie Dorothea und Pahls zusammen. Herr Lang hat doppelt soviel Kinder wie Herbert, und zusammengenommen haben sie soviel Kinder wie Elke, die halb soviel Kinder hat wie die Ottes.

Wegen der heute manchmal etwas unordentlichen Verhältnisse sollte ich noch erwähnen, daß bei den fünf Ehepaaren der Mann jeweils dieselben Kinder wie die Frau hat.

Wer heißt wie, ist mit wem verheiratet und hat wieviel Kinder?

8. Schwieriges Abwägen

Bei Apotheker Pillendreh ist eingebrochen worden. Neben anderem wurden ihm Gewichte für seine Balkenwaage geklaut. Jetzt hat er nur noch eines für ein Gramm und eines für vier Gramm. Das brachte ihn in Schwierigkeiten, als ein Kunde 40 Gramm Natron verlangte. Pillendreh hatte nur eine abgepackte Menge von 180 Gramm.

Wie konnte er sie mit seiner Waage und den beiden Gewichten in möglichst wenigen Wägungen in eine 40- und eine 140-Gramm-Menge aufteilen?

9. Nebensache

»Was machst du da«, fragt der Vater seinen Sohn, der soeben zwei Wörter untereinandergeschrieben hat, »was soll das heißen: NEBEN EBENE?«

»Warte doch, bis ich fertig bin«, schlägt der Sohn vor. Sein fertiges Werk sieht so aus:

N	E	B	E	N
E	B	E	N	E
B	E	N	E	B
E	N	E	B	E
N	E	B	E	N

»Wenn du von der linken oberen Ecke nach rechts schreitest, buchstabierst du NEBEN, ebenso etwa auf dem Weg vom N in der Mitte aus zunächst nach links und dann nach oben. Von jedem E aus läßt sich so auf mehr als einem Weg NEBEN buchstabieren. Ich frage mich, wie viele verschiedene solcher Wege es insgesamt gibt.«

Der Vater beginnt zu zählen, aber bald verheddert er sich und meint, er habe Wichtigeres als solche NEBEN-Sache zu bedenken.

Wäre er geduldiger gewesen – auf welche Zahl wäre er gekommen?

10. Kreuzzahlrätsel mit Palindromen

Von einem Kreuzworträtsel unterscheidet sich diese Logelei dadurch, daß in die mit Buchstaben bezeichneten Reihen und Spalten Zahlen einzusetzen sind, die den entsprechenden Definitionen genügen.

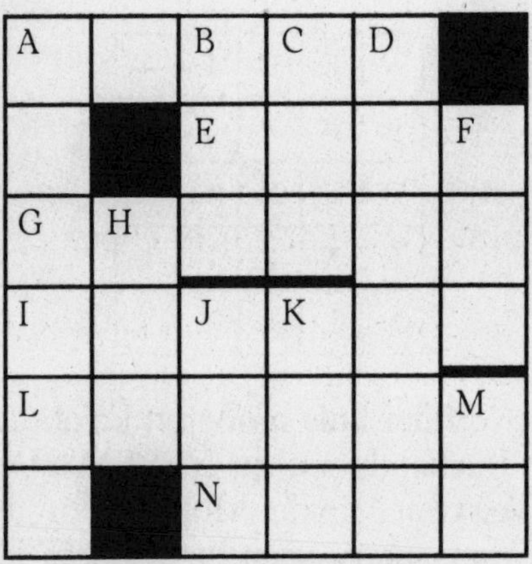

Es kommt keine Null vor. Mit »Palindrom« ist eine Zahl gemeint, die vorwärts wie rückwärts gelesen gleich ist.

Waagerecht

A Palindrom aus zwei verschiedenen, einander abwechselnden Ziffern

E Vielfaches von J-senkrecht

G Die ersten drei Ziffern bilden die Quadratwurzel von A-senkrecht und die letzten drei Ziffern die Quadratwurzel von A-waagerecht.

I Alle Ziffern verschieden, nur die erste ist gerade.

L Die ersten beiden Ziffern bilden rückwärts gelesen eine Primzahl; sie teilt die aus den letzten drei Ziffern bestehende Zahl.

N Besteht aus nur zwei verschiedenen Ziffern; die ersten beiden Ziffern bilden einen Primteiler der Zahl.

Senkrecht

A Palindrom

B Quadratzahl und Palindrom

C Eine Potenz von 2 mit einer Potenz von 3 malgenommen

D Vielfaches von M-senkrecht; die erste Ziffer ist gerade, die letzten drei sind ungerade.

F Primzahl

H Diese Zahl ist gleich der Summe aus den dritten Potenzen ihrer Ziffern.

J Quadratzahl kleiner als B-senkrecht und Palindrom

K Kubikzahl

M Primzahl

11. Kreuzzahlrätsel mit Glückszahl

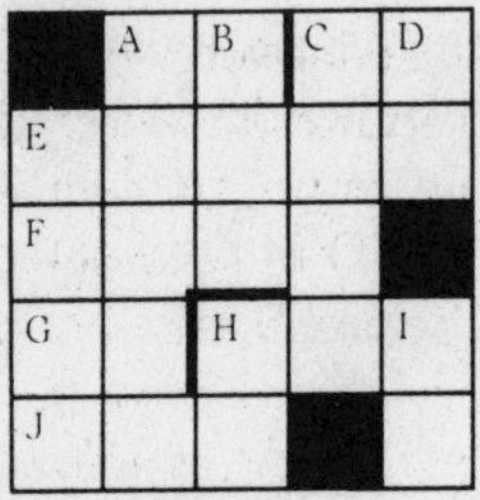

Es kommt keine Null vor!

Waagerecht

A Vielfaches von 8
C Gerade Zahl, Quersumme 11
E Alle Ziffern voneinander verschieden und alle kleiner als 6
F Quersumme ist 27
G Ungerade Zahl
H Quadratzahl
J Vielfaches von 25

Senkrecht

A Rückwärts gelesen dieselbe Zahl
B Kubikzahl
C Vielleicht Ihre Glückszahl
D Primteiler von J-waagerecht
E Jede Ziffer ist größer als die vorhergehende.
H Quersumme ist um 5 kleiner als das um 3 vermehrte Quadrat einer geraden Zahl.
I Teiler von H-senkrecht

12. Schlechter Verlierer

Die Schachpartie ist vorüber. Max hat verloren. Er ist ein schlechter Verlierer; darum möchte er Paul, seinen Partner, reinlegen: »Stelle dir eine Scheibe vor, deren Durchmesser der Länge einer Kante unseres Schachbretts entspricht. Stell dir weiterhin vor, ich legte diese Scheiben so auf das Schachbrett, daß die Mittelpunkte der beiden Flächen übereinanderliegen.

Wie viele der 64 Quadrate des Schachbretts sind dann vollständig von der Scheibe bedeckt?«

13. Ehrbare Kaufleute

Ich komme aus einer ehrbaren Kaufmannsfamilie«, sagt Buchmacher Wettfälscher nicht ohne Stolz, »mein Onkel Eberhard zum Beispiel betreibt die Fleischerei. Eine Person in meiner Verwandtschaft importiert Obst, eine vertritt Versicherungen, eine besitzt einen Textilgroßhandel und eine ein Restaurant.«
»Und wer sind Ihre Verwandten?« frage ich. Darauf Wettfälscher: »Onkel Anton, Tante Christa, Tante Dagmar, Tante Hertha und der schon genannte Onkel Eberhard. Mit Nachnamen heißen sie – in alphabetischer Reihenfolge – Beutelschneid, Geldmacher, Immerkauf, Krämer und Wuchermann. Sie alle wohnen hier in der Nähe, aber jede Person in einem anderen Ort. Diese Wohnorte sind Nordheim, wo übrigens nicht Krämer beheimatet ist, Ostdorf, Südhausen, Talbach und Unterbüttel.«
Ich will etwas fragen, aber Wettfälscher fährt unbeirrt fort: »Eine Tante hat den Textilgroßhandel, eine andere den Obstimport, aber keine dieser beiden ist meine Tante Beutelschneid. In Unterbüttel wohnt ein Onkel. Weder Immerkauf noch Tante Christa, die nicht Obst importiert, wohnen in Nordheim. Das Restaurant heißt ›Krämers Klause‹, weil es von Krämer betrieben wird, aber weder Tante Christa Wuchermann noch Tante Dagmar haben etwas damit zu tun, außerdem wohnt keine dieser

soeben genannten drei Personen in Ostdorf oder Talbach. Hertha wohnt nicht in Ostdorf, und sie ist auch nicht im Textilgroßhandel oder Obstimport tätig.«

Wer heißt wie und tut was wo?

14. Ländliches

Der Hahn will zur Henne, die Ziege zum Bock, die Magd will zur Tenne, der Hund will zum Stock. Und der Eber, schau, schau, läuft eilig zur Sau.

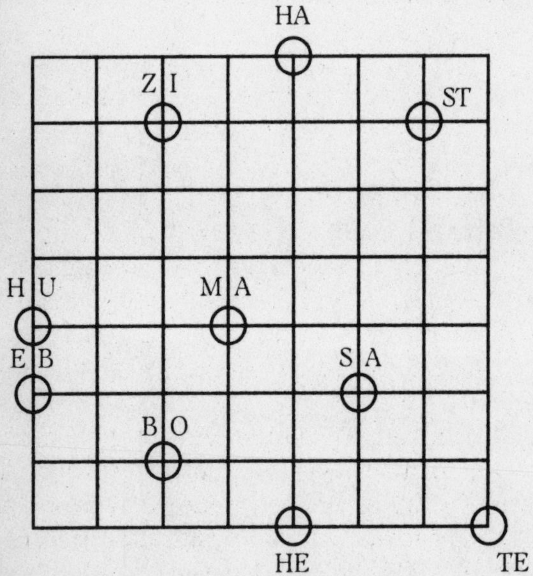

Alle dürfen nur auf den Wegen (Linien) laufen, niemand darf den Weg eines anderen kreuzen, ein Stück desselben Wegs benutzen oder gar Startplatz oder Ziel eines anderen überqueren.

15. Lehrer im Streit

In meiner Klasse fehlen fünf Schüler«, klagt Mathelehrer Wurzelmann im Gespräch mit dem Direktor. Dieser fragt: »Wer fehlt denn?«, und Wurzelmann zählt auf: »Abelmeier, Becker, Christensen, Döring und Ehlers.« Darauf der Direktor: »Sind alle Jungen?«
Der Mathelehrer findet diese Frage des Chefs überflüssig und erwidert knapp: »Nein.« Darauf der Direktor verärgert: »Wollen Sie mir denn nicht verraten, Herr Kollege, wer von den fünf Schülern ein Junge und wer ein Mädchen ist?«
Wurzelmann ist nun auch erbost und beschließt, den Schulleiter ein bißchen zu zwiebeln. Mit sanftem Ton antwortet er: »Wenn Abelmeier ein Mädchen und entweder Becker oder Christensen ein Junge ist, dann ist, sofern Döring ein Mädchen ist, Ehlers ein Junge.«
Das Gesicht des Direktors verfärbt sich zornrot. Aber unbeirrt fährt Wurzelmann fort: »Wenn Christensen ein Junge und entweder Abelmeier oder Ehlers ein Mädchen ist, dann ist, sofern Becker ein Mädchen ist, Döring ein Junge.«
»Was soll ich damit anfangen«, braust jetzt der Direktor auf. Ruhig antwortet der Lehrer: »Mit meinen bis jetzt gemachten Aussagen können Sie noch nicht viel anfangen, zumal höchstens eine davon wahr ist, aber« – das Direktorengesicht wird all-

mählich violett – »die nächsten zwei Aussagen sind beide zutreffend: Entweder ist Christensen oder Ehlers ein Mädchen. Zwei der Schüler sind Jungen.«
Der Chef hat genug davon. Im Fortgehen murmelt er gequält: »Sie sind ein rechter Spaßvogel, Herr Wurzelmann.«
Dabei hätte er jetzt eindeutig heraustüfteln können, wer die beiden Jungen sind. Wer?

16. Kaffeeklatsch

Neulich war ich im Café. Am Nachbartisch saßen fünf junge Damen, die sich offenbar seit langem nicht gesehen und darum viel zu erzählen hatten. Ich konnte nicht umhin, der lebhaften Unterhaltung zu lauschen. Dabei erfuhr ich allerlei: Die Vornamen der Frauen sind Gaby, Nina, Petra, Ingrid und Jutta. Jede hat im vergangenen Jahr ihr erstes Kind zur Welt gebracht, aber jede in einem anderen Monat. Die Babys heißen Rolf, Martin, Benjamin, Elke und Olga; eines ist im November geboren.

Mit Nachnamen heißen die Frauen Heumann, Meyer, Lehmann, Ahlers und Beck. Der Sohn von Frau Heumann ist einen Monat vor Gabys Tochter geboren, die acht Monate vor Ninas Sohn zur Welt kam. Jutta, Frau Meyer und Gaby hatten ihre Kinder in Monaten bekommen, die dreißig Tage haben. Olga wurde vor Elke geboren. Martin heißt nicht Heumann. Petras Sohn ist vor der Tochter von Frau Ahlers und diese vor Rolf geboren. Ingrids Sohn kam zwei Monate vor Juttas Tochter zur Welt. Rolf ist vor November geboren. Frau Beck hat einen Sohn.

Jetzt frage ich mich, wer wie heißt und welches Baby wann geboren hat.

17. An der Rolltreppe

Im S-Bahnhof sagt Vierstock beim Anblick der langen Rolltreppe zu Dreinudel: »Ich möchte gerne wissen, wieviel Stufen dieser Treppe zu jedem Zeitpunkt sichtbar sind.«

Dreinudel: »Ich würde die nach oben fahrende Treppe zuerst hinauflaufen, aber mit gleichbleibender Geschwindigkeit, also soundsoviel Stufen pro Sekunde, und mir die Zahl der gestiegenen Stufen merken. Dann würde ich umkehren, die Treppe mit demselben Tempo hinunterlaufen und wieder die genommenen Stufen zählen.«

Vierstock tut dies. Wieder unten angekommen, berichtet er keuchend: »Nach oben habe ich 24 und nach unten 264 Stufen gezählt.« Darauf Dreinudel: »Jetzt brauchst du nur noch zu rechnen – aber da kommt mein Zug. Tschüs! . . .«

»Wie denn rechnen?« ruft Vierstock dem davoneilenden Dreinudel nach – vergeblich. Wie?

18. Fehlerhafte Addition

Die Ziffern in einer Addition sind so durch Buchstaben ersetzt, daß für gleiche Ziffern gleiche und für ungleiche Ziffern ungleiche Buchstaben stehen.

```
  K A N T I N A
+ K L O L E D A
+ K L O T E I A
---------------
A A B B N C C K
```

Aber leider ist mir ein Fehler unterlaufen, das heißt: Einer der 29 Buchstaben muß anders lauten, damit die ursprüngliche Addition korrekt rekonstruiert werden kann.
Wie lautet sie?

19. Alberne Mädchen

Vier Mädchen mit ihren Vätern kommen an einen Fluß, den sie überqueren möchten. Das läßt sich nur mit dem Boot machen, das am Ufer liegt. Es faßt aber nicht mehr als zwei Personen, was insofern problematisch ist, als die Mädchen etwas zickig sind: Keines möchte im Boot oder an Land mit einem oder zwei der fremden Väter zusammensein, sofern nicht der eigene Vater zugegen ist. Gottlob befindet sich in der Mitte des Flusses eine Insel, auf die vorübergehend Personen gebracht werden können. Sonst nämlich wäre das Problem unlösbar.

Wie wird es gelöst?

20. Viele Quadrate

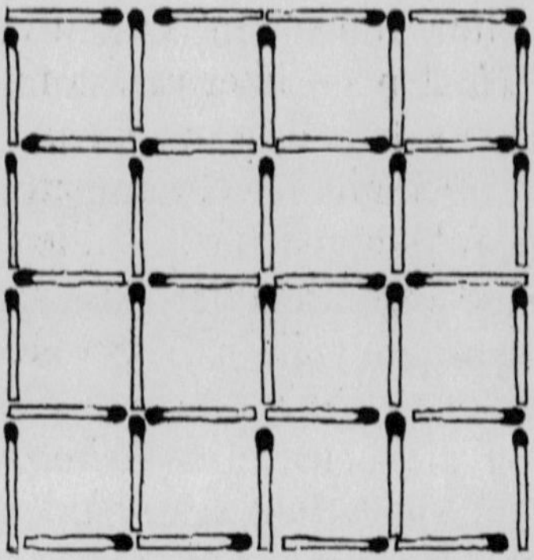

Zusammen mit den 16 kleinen Quadraten: Wieviel Quadrate enthält das aus Streichhölzern gelegte Muster? Und wieviel Hölzchen müssen mindestens fortgenommen werden, damit nicht ein einziges Quadrat mehr liegenbleibt?

21. Test für Mediziner

Wie bekannt, sollen Studienbewerber für Medizin künftig einem praxisbezogenen Eignungstest unterworfen werden. Zweistein ist es gelungen, eine der leichteren Testaufgaben in Erfahrung zu bringen. Hier ist sie:

»Für jedes der folgenden vier Aussagenpaare gilt: Wenn die Aussage A wahr ist, dann ist die Aussage B falsch.

A: ›Wenn ein Patient eine Plausitis hat oder bei ihm keine Glinkoplasie vorliegt oder beides der Fall ist, dann liegt ein nasophobischer Symptomenkomplex vor.‹ B: ›Wenn ein Patient keine linksseitige Disanomalie hat, dann liegt zwar eine Glinkoplasie, hingegen keine Plausitis vor.‹

A: ›Wenn bei einem Patienten ein Blützmeier-Syndrom oder ein nasophobischer Symptomenkomplex oder beides vorliegt, dann hat er eine Knastikose.‹ B: ›Wenn ein Patient keine Plausitis hat, dann liegt weder ein Blützmeier-Syndrom noch ein nasophobischer Symptomenkomplex vor.‹

A: ›Wenn bei einem Patienten eine Glinkoplasie oder ein intermittierender Knarzfuß oder beides vorliegt, dann hat er keine linksseitige Disanomalie.‹ B: ›Wenn ein Patient keinen pseudophlegmatischen Hompblock hat, dann liegt weder eine Glinkoplasie noch ein intermittierender Knarzfuß vor.‹

A: ›Wenn bei einem Patienten nicht sowohl ein

Blützmeier-Syndrom als auch ein intermittierender Knarzfuß vorliegen, dann hat er keine Knastikose.‹ B: ›Wenn ein Patient keine intrapubertäre Riechneurose hat, liegen sowohl ein intermittierender Knarzfuß als auch ein Blützmeier-Syndrom vor.‹«

Frage: Wenn ein pseudophlegmatischer Hompblock diagnostiziert wird, was ist dann über das Vorliegen einer intrapubertären Riechneurose auszusagen?

22. Test für Logiker

Letzte Woche war wieder Logikerball, und natürlich – leider, sagen manche Leute – war Paul, der Unentwegte, dabei. Rastlos lief er im Ballsaal umher, um Mitmacher für sein Hobby zu finden, nämlich Personen, denen er logische Aufgaben stellen konnte. Den meisten Gästen der Party gelang es, sich beim Nahen unseres Freundes so sehr in ein Gespräch zu vertiefen, daß Paul sich nicht traute, sie mit seinem Anliegen zu stören.

Doch Axel, Elke, Inge, Otto und Ulrike, die an einem Tisch stumm beieinander saßen, hatten Paul nicht kommen sehen und wurden seine Opfer. Sechs Aufgaben stellte er ihnen. Jeder hatte nicht nur die vermeintlich richtige Lösung, sondern auch den Lösungsweg aufzuschreiben.

Für die Ergebnisse dieses Tests vergab Paul Noten, wobei die jeweils richtigen Antworten mit zehn Punkten belohnt wurden. Falsche Antworten bewertete er, je nachdem, ob der Lösungsansatz gut oder schlecht war, mit fünf oder null Punkten.

Auf die Fragen 1 bis 6 hatte Ulrike diese Antworten gegeben: »älter, Knusi, neun, kleiner, Mittwoch, dreizehn« und dafür insgesamt fünf Punkte erhalten. Bei Otto sah's so aus: »älter, Drusi, fünf, größer, Sonntag, neunzehn«; dafür gab's 15 Punkte. Inge: »jünger, Musi, vier, gleich, Samstag, zwanzig«; 35 Punkte. Elke: »jünger, Flusi, vier, kleiner, Montag,

elf«; Punktzahl unbekannt. Axel: »gleich alt, Musi, sieben, gleich, Dienstag, neunzehn«; 25 Punkte. Insgesamt hatte Paul für die zweite Frage zehn, für die vierte zwanzig und für die sechste 35 Punkte vergeben.
Jede Frage wurde von mindestens einer Person richtig beantwortet.
Die Fragen werden wir zwar nie erfahren, wohl aber, welche Antworten richtig waren. Welche?

23. Sportliche Professorentöchter

Die vier Töchter von Professor Syllog sind Sportlerinnen. Gestern erst hatten sie eine Familien-Olympiade ausgetragen. Jedes Mädchen war in den vier Disziplinen Weitsprung, Hochsprung, Speerwerfen und Kugelstoßen angetreten. Ich fragte den Professor, wie denn der Wettbewerb ausgegangen sei. Seine Antwort: »Gerda ist meine älteste Tochter, Hedwig war die Beste im Speerwerfen, Ina war die Zweitbeste im Kugelstoßen.«

»Aber Sie haben doch noch eine Tochter«, machte ich geltend. »Stimmt«, antwortete Syllog, »Josefa.«

»Und wie waren die Ergebnisse gestern?« fragte ich noch einmal. Professor Syllog: »Vierte im Weitsprung wurde meine zweitälteste Tochter. Die zweitjüngste übrigens wurde Dritte im Hochsprung, und die jüngste Letzte im Kugelstoßen.«

»Moment mal«, sagte ich, »Gerda ist die Älteste, aber wer ist die Zweitälteste, wer die Zweitjüngste und ...« Syllog unterbrach mich: »Das werden Sie schon noch erfahren. Die Dritte im Kugelstoßen wurde Zweite im Weitsprung. Vierte im Hochsprung wurde die Tochter, die im Weitsprung den dritten Platz erreichte. Die Erste im Weitsprung war die Vierte im Speerwerfen, und die Erste im Kugelstoßen belegte im Speerwerfen den zweiten Platz. Ina freute sich besonders über den Erfolg ihrer Lieblingsschwester, die zwar nur Dritte im Speer-

werfen, doch Erste im Hochsprung wurde.«
Damit beendete Syllog das Gespräch. **Offenbar war er der Meinung, nunmehr seien alle Fragen beantwortet, nämlich welche Tochter die älteste, die zweitälteste, die zweitjüngste und jüngste ist und wer in welcher Sportart welchen Platz errungen hatte. Welche welchen?**

24. Verärgerter Intendant

Die Wettervorhersage gefällt mir nicht«, wetterte der Intendant. »Jeden Tag schreiben uns Tausende von Fernsehzuschauern, daß sie wieder nicht gestimmt hat. Außerdem ist die Prognose zu kompliziert. Die Leute wollen nur wissen, ob es warm oder kalt sein wird, ob es regnen wird oder nicht, windig oder windstill sein wird, ob hohe oder niedrige Luftfeuchtigkeit zu erwarten ist – basta.«
Doktor Windtief, der Meteorologe, nahm sich dies zu Herzen. Noch am selben Abend erklärte er den Fernsehzuschauern, von nun an würden sie die neue »implikative Vorhersage« erhalten, der lediglich die vom Intendanten als ausreichend befundenen vier Angaben zu entnehmen seien. Und sogleich begann Dr. Windtief mit der Wettervorhersage der neuen Art:
»Wenn morgen kein Niederschlag fällt, wird es entweder kalt oder windstill sein. Ist es morgen jedoch kalt, dann wird es Niederschläge und eine hohe Luftfeuchtigkeit geben. Ist es morgen entweder windig oder niederschlagsfrei, dann wird es kalt sein. Falls es morgen regnet, ist mit hoher Luftfeuchtigkeit zu rechnen. Ist es morgen jedoch windstill, wird die Luftfeuchtigkeit niedrig sein.«
Kaum hatte Windtief seine Vorhersage beendet, wurde er ans Telefon gerufen. »Was war denn das für ein Quatsch«, brüllte der Intendant, »Sie sollten

es doch einfacher, nicht komplizierter machen. Sie sind gefeuert!«
Das war ungerecht. Denn der Meteorologe hatte doch lediglich vorhergesagt, was der Intendant hören wollte. Vor allem hat Dr. Windtief recht gehabt.
Wie war das Wetter am folgenden Tag?

25. Mord am Eßtisch

Vier Ehepaare waren bei Axel und seiner Frau Bettina zum Abendessen. Die vier eingeladenen Männer hießen Christoph, Ehrhard, Georg und Ingo. Die Namen der vier Frauen: Doris, Fee, Hilde und Josefa.
Da kein ausreichend großer Tisch in der Wohnung war, hatten die Gastgeber zwei Tische zu dieser ungewöhnlichen Kombination zusammengestellt:

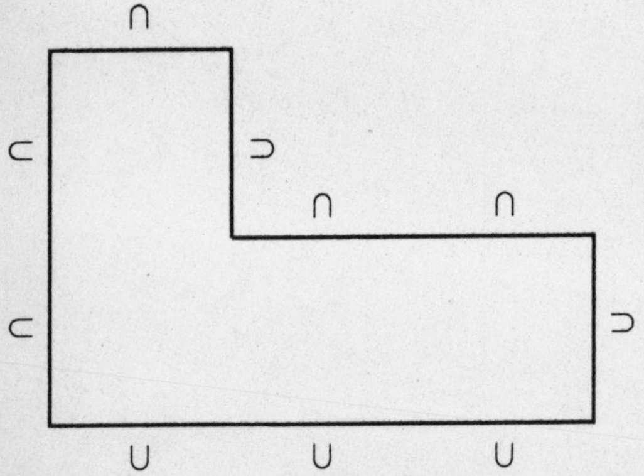

Man langte kräftig zu, die Stimmung steigerte sich zusehends. Doch plötzlich stand ein Gast von der Tafel auf, zog eine Pistole und erschoß einen anderen Gast.
Wer die Tat begangen hat, läßt sich aus den folgenden Indizien ermitteln:

Außer den Gastgebern saß kein Ehepaar unmittelbar beieinander.
Auch waren Opfer und Ehepartner der Person, die die Tat begangen hatte, nicht Tischnachbarn.
Die zehn Personen hatten in alphabetischer Reihenfolge ihrer Vornamen im Uhrzeigersinn um den Tisch gesessen.
Täter(in) und Opfer saßen am Tisch auf Eßzimmerstühlen einander gegenüber. Ebenso saßen die Ehepartner von Opfer und Täter(in) einander gegenüber, doch beide auf Küchenstühlen, die zur Aushilfe an die Tafel gestellt worden waren.
Der gastgebende Ehemann saß an einem der beiden Tafelenden, an dem nur ein Stuhl stand; dies jedoch traf nicht für die Person zu, die geschossen hatte.
Wer hatte den Mord begangen?

26. Endlich wieder Post aus Knusiland

Nach langer Zeit kam endlich wieder Post aus Knusiland. Unser dorthin entsandter Forscher schreibt:
»Gestern war ich bei meinem Freund Maki zu Gast, einem Mann vom Stamm Abi, der wie alle Abianer stets die Wahrheit sagt. Mit mir waren noch sieben Gäste anwesend, Knusiländer, von denen mir Maki sagte, daß jeder von ihnen entweder ein Abianer oder ein Bebianer sei.
Wie weithin bekannt, ist jede Aussage, die ein Bebianer macht, falsch. Darum hätte ich allzugerne gewußt, wer von den sieben Herren Abianer und wer Bebianer war. Doch das wollte mir mein Freund nicht verraten. Also blieb mir nichts anderes übrig, als selbst zu recherchieren. Ich fragte jeden, wer von den Gästen was sei, und erhielt diese sieben Aussagen zur Antwort:
Knasi: ›Wenn Knesi Abianer ist, dann ist entweder Knisi oder Knösi Abianer.‹
Knesi: ›Knasi und Knusi sind Abianer, aber Knosi ist Bebianer.‹
Knisi: ›Wenn Knüsi Abianer, jedoch Knosi Bebianer ist, dann ist Knesi Abianer, wenn aber Knüsi Bebianer, jedoch Knosi Abianer ist, dann ist Knasi Abianer.‹
Knosi: ›Wenn Knüsi Abianer ist, dann ist entweder Knesi oder Knisi Abianer.‹

Knusi: ›Wenn Knesi Bebianer ist, dann sind Knisi und Knosi entweder beide Abianer oder beide Bebianer.‹
Knösi: ›Knesi und Knusi sind Bebianer.‹
Knüsi: ›Herr Knasi ist Bebianer, und Herr Knisi ist Abianer.‹
Soweit die Aussagen, die ich mir sorgfältig notiert hatte. Jetzt brüte ich über meinem Protokoll, aber es will mir nicht gelingen herauszubekommen, wer von den sieben Knusiländern von welchem Stamm ist. **Ob Sie mir helfen können?**«
Ihm kann geholfen werden.

27. Computerkriminalität

»Ich habe bei den Crackers, die im Warenhaus herumlungern, zwei Spielprogramme für meinen Computer gekauft«, verkündet Anne triumphierend, »die waren wirklich billig.« Annes Mutter ist davon keineswegs begeistert. »Du weißt doch«, belehrt sie ihre Tochter, »daß die Kinder, die du ›Crakkers‹ nennst, Raubkopien der Programme herstellen und unter Preis verkaufen; nicht nur das ist, wie du auch weißt, strafbar, sondern auch du bist als Hehlerin straffällig geworden.«
Anne sieht das nicht ganz ein: »Es sind doch nur Spiele, die alle anderen schon besitzen, nur ich noch nicht«, verteidigt sie sich. »Nein, es ist nicht recht«, beharrt die Mutter, »aber sag mir wenigstens, wieviel du für die Programme bezahlt hast.«
»Es waren weniger als zehn Mark. Der Preis richtet sich auf diesem Cracker-Markt sowohl nach der Anzahl von Blöcken, die ein Programm lang ist, und natürlich auch nach der Qualität des Spiels.« Die Mutter weiß zwar nicht, was diese Blöcke sind, aber sie fragt weiter: »Wieviel Blöcke hast du denn für wieviel Geld gekauft?«
»Jedes Programm enthält soviel Blöcke wie dessen Preis pro Block in Pfennig ausmacht. Für das eine Programm habe ich 2,15 Mark mehr bezahlt als für das andere.«
»Also kaufe bitte nie wieder solche heiße Ware,

mein Kind«, ermahnt die Mutter das Mädchen. Das sollte es wirklich nicht mehr tun.

Aber wie teuer waren die beiden Programme denn nun?

28. Was Knötzen tun

Sechs Knötzen gibt es, und jede pompelt entweder ihr Dürzelchen oder teukert am Tredentromp«, sagt der krumme Löpaz, »doch welche tut was?«

»Das habe ich dir zwar schon hundertmal erklärt«, antwortet seine Knuke, »aber ich will es noch mal tun:

Wenn die dasende Worzknötze ihr Dürzelchen pompelt, dann pompelt, sofern die sorkende Pluhknötze ihr Dürzelchen pompelt, die balternde Hunkenknötze ebenfalls ihr Dürzelchen.

Wenn die flontige Julpknötze am Tredentromp teukert, dann pompelt die aulige Fluntknötze ihr Dürzelchen.

Wenn die sorkende Pluhknötze ihr Dürzelchen pompelt und die balternde Hunkenknötze am Tredentromp teukert, dann pompelt, sofern die dasende Worzknötze am Tredentromp teukert, entweder die Naudenknötze oder die flontige Julpknötze ihr Dürzelchen.

Wenn die balternde Hunkenknötze ihr Dürzelchen pompelt, dann pompelt zwar die sorkende Pluhknötze auch ihr Dürzelchen, aber die flontige Julpknötze teukert am Tredentromp.

Wenn aulige Fluntknötze oder balternde Hunkenknötze oder gar beide ihr Dürzelchen pompeln, dann teukert die Naudenknötze am Tredentromp.

Wenn sowohl die sorkende Pluhknötze als auch die balternde Hunkenknötze ihr Dürzelchen pompeln, überdies die Naudenknötze und die flontige Julpknötze beide am Tredentromp teukern, dann pompelt die dasende Worzknötze ihr Dürzelchen.
Wenn die sorkende Pluhknötze am Tredentromp teukert, dann pompelt die Naudenknötze ihr Dürzelchen, und die flontige Julpknötze teukert am Tredentromp.
Wenn die flontige Julpknötze ihr Dürzelchen pompelt, dann pompelt auch die balternde Hunkenknötze ihr Dürzelchen.«

Welche Knötze tut was?

29. Kaufmannsprüfung

Kaufmann Allmeier ist vom alten Schlag. Wer in seinem Laden als Verkäufer arbeiten möchte, muß gut mit Zahlen umgehen können, meint er. Unlängst benötigte er wieder »eine Kraft für's Geschäft«, wie er sich auszudrücken beliebt. Also gab er ein Stellenangebot an die Zeitung.

Zu Allmeiers Zufriedenheit meldeten sich sehr viele Bewerber um den Posten. Nun konnte er sich den intelligentesten aussuchen. Also dachte sich der Kaufmann einen Test aus.

Mit seiner Registrierkasse ließ er sich einen fingierten Kassenzettel ausdrucken. So sah er aus:

249,12
618,33
153,96
068,72
703,07
391,50
546,88
895,53
924,07
483,59

Allmeier fertigte genügend Kopien davon an, ließ dann alle Bewerber kommen und händigte jedem eine Kopie aus. Nun gab er die folgende Anweisung:

»Ich denke an eine Ware mit einem bestimmten

Preis. Diesen sollen Sie herausfinden. Das ist nicht allzu schwer, weil er aus den Zahlen auf Ihrem Zettel zu ermitteln ist. Jeder dort aufgeführte Preis nämlich enthält genau eine Ziffer – nicht mehr und nicht weniger –, die auch in der gesuchten Zahl, und zwar an der gleichen Stelle, vorkommt.
Wer mir als erster den zu ermittelnden Preis nennen kann, soll bei mir angestellt werden.«
Wie lautet der gesuchte Preis?
Übrigens: Allmeier hatte zehn fingierte Preise auf den Zettel gedruckt. Wie viele hätte er mindestens für diesen Test drucken müssen?

30. Verwirrter Pädagoge

Studienrat Wirrling betritt das Klassenzimmer. »Ihr sitzt heute anders als sonst«, stellt er verärgert fest. Wirrling hat ein miserables Personengedächtnis, weshalb er sich einen Plan angefertigt hat, auf dem die acht Sitze des Klassenzimmers mit den Namen der darauf sitzenden acht Schüler verzeichnet sind. Hier schaut Wirrling stets nach, ehe er ein Kind anspricht. Wen wundert es da, daß der alte Herr sauer ist. »Was ist los?« fragt er.
Ingo erklärt: »Wir fanden es zu langweilig, immer auf demselben Platz zu sitzen, darum haben wir unsere Plätze so getauscht, daß jedes Kind auf einem anderen Platz als vorher sitzt.«
Ortwin ergänzt: »Die Mädchen sitzen jetzt auf Plätzen, auf denen zuvor Jungen gesessen haben.«
Dagmar meldet sich: »Auf meinem Platz sitzt jetzt das Kind, auf dessen Platz jetzt Ortwin sitzt.«
Nun ergreift Birgit das Wort: »Auf meinem Platz sitzt jetzt ein Kind, auf dessen Platz jetzt das Kind sitzt, dessen Platz nun Ulli eingenommen hat.«
Christa fügt hinzu: »Auf meinem Platz sitzt jetzt ein Kind, auf dessen Platz jetzt ein Kind sitzt, auf dessen Platz jetzt das Kind sitzt, dessen Platz Axel eingenommen hat.«
Wirrling macht sich eifrig Notizen. Da meldet sich Erhard zu Wort und sagt: »Auf meinem Platz sitzt jetzt ein Kind, auf dessen Platz jetzt ein Kind sitzt,

dessen Platz jetzt von einem Kind besetzt ist, auf dessen Platz jetzt das Kind sitzt, dessen Platz ich jetzt eingenommen habe.«
Studienrat Wirrling ist nach wie vor verwirrt. Wir aber könnten ihm den neuen Sitzplan zeichnen.
Wie sieht er aus? Wer also sitzt jetzt auf wessen Platz?

31. Schon wieder eine Höllenmaschine

Die Postbotin hat vorhin ein Paket gebracht. Arglos habe ich es geöffnet und darin einen schwarzen Kasten gefunden. An ihm befinden sich sieben numerierte Schalter, sogenannte Kippschalter, die nur nach oben oder unten gekippt werden können. Bei dem seltsamen Gegenstand lag dieser Brief:

»Verehrter Freund. Mit dem Öffnen der Verpackung haben Sie den Zeitzünder der vor Ihnen liegenden Höllenmaschine ausgelöst. Sie wird in genau zwei Minuten mit gewaltiger Detonation explodieren, sofern Sie nicht rechtzeitig die sieben Schalter in die jeweils richtige Stellung gebracht haben.

Ihre Aufgabe besteht also darin, diese einzige richtige Kombination von Schalterstellungen herauszufinden. Das können Sie, wenn Sie die folgenden zehn Bedingungen streng beachten:

Wenn Schalter 3 oben, jedoch 2 und 4 unten stehen, dann knallt's.

Wenn sowohl 1 als auch 4 unten, aber 7 oben stehen, dann knallt's.

Wenn 1, 3 und 4 unten stehen, dann knallt's.

Wenn 6 unten, jedoch 2 und 3 oben stehen, dann knallt's.

Wenn 4 und 3 oben stehen, dann knallt's.

Wenn 6 oben steht und sofern 7 oben steht, auch 1 oben steht, dann knallt's.

Wenn 1 und 5 beide oben und 7 unten stehen, dann knallt's.
Wenn 3 unten, jedoch 4 und 5 oben stehen, dann knallt's.
Wenn sowohl 1 als auch 7 oben stehen, dann knallt's.
Wenn 5 unten und, sofern 2 und 6 oben stehen, auch 3 oben stehen, dann knallt's.
Mit freundlichem Gruß Ihr Komitee zur Ausrottung der Unlogik.«
Wenn ich nur wüßte, wie die Schalter gestellt werden müssen, damit's nicht knallt!

32. Sportliche Firma

Im Bus sitzen mir zwei junge Damen gegenüber, eine blonde und eine brünette. Sie unterhalten sich, und ich höre mir notgedrungen das an:
»In unserem Betrieb gibt es ausgesprochen sportliche Typen«, sagt die Blonde, »zum Beispiel gehen Inge, Elke, Dieter und Axel jede Woche zweimal zum Schwimmen.«
Das findet die Brünette dufte; sie möchte mehr wissen und fragt: »An welchen Tagen gehen denn die vier Kollegen zum Schwimmen?«
Die Blonde: »Die machen das streng regelmäßig. Axel hat zum Beispiel seinen zweiten Schwimmtag zwei Tage nach seinem ersten Schwimmtag in derselben Woche . . .«
Die Brünette unterbricht sie: »Was heißt hier Woche?« Darauf die Blonde etwas überrascht: »Ich meine selbstverständlich die volle Woche von Montag bis Sonntag inklusive. Nun aber weiter; Dieter hat seinen zweiten Schwimmtag drei Tage nach seinem ersten Schwimmtag in derselben Woche.«
»Die Müllers gehen sicher zusammen schwimmen«, wirft die Brünette ein. »Das tun sie nur an einem Tag in der Woche«, erwidert die Blonde, »an den übrigen Tagen geht immer nur eine der vier Personen zum Schwimmen. Übrigens hat Elke den zweiten Schwimmtag vier Tage nach ihrem ersten Schwimmtag und Inge ihren zweiten Schwimmtag

fünf Tage nach dem ersten Schwimmtag in derselben Woche.«
Diese höchst aufschlußreiche Unterhaltung zwischen den beiden Damen dauert sicher noch an. Ich aber kann ihr nicht mehr lauschen, weil ich aussteigen muß. Immerhin habe ich eine Menge erfahren. Ich darf davon ausgehen, daß es sich bei den Müllers um ein Ehepaar, bestehend aus zwei der vier genannten passionierten Schwimmer, handelt.
Nun wüßte ich gerne, wie Herr und Frau Müller mit Vornamen heißen.

33. Kreuzzahlrätsel

Achtung:
Es kommt keine Null darin vor.

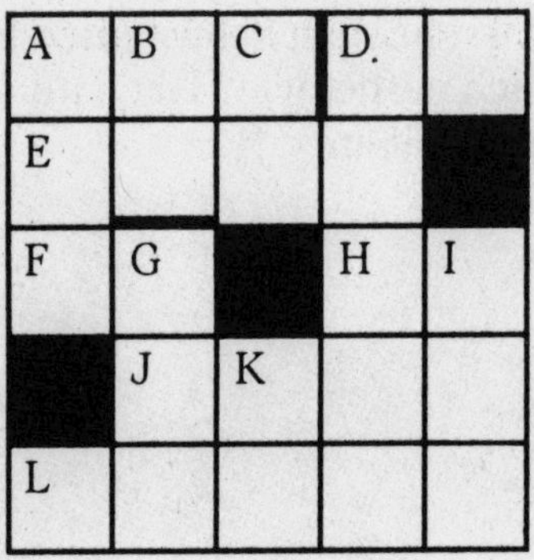

Waagerecht

A Kubikzahl

D Quadratzahl

E Alle Ziffern sind ungerade, und jede ist größer als die vorhergehende.

F Primzahl

H Das könnte Ihre Glückszahl sein.

J Kubikzahl

L Die dritte Ziffer ist sowohl gleich der Summe der ersten beiden als auch gleich der Summe der letzten beiden Ziffern.

Senkrecht

A Primzahl

B Quadratzahl
C Das Produkt der Ziffern ist gleich der aus den ersten beiden Ziffern von E-waagerecht bestehenden Zahl.
D Alle Ziffern sind voneinander verschieden und größer als 4.
G Vielfaches von A-senkrecht
I Kubikzahl
K Diese Zahl ist das Dreifache ihrer Quersumme.

34. Intelligenztest

Wie lautet die nächste Zahl in dieser Folge:

a) 2, 3, 5, 7, 11, 13, 17, ...

Welcher Buchstabe folgt jeweils in diesen Folgen:

b) B, C, D, G, J, O, P, ...

c) C, F, I, L, O, R, ...

Wie lautet die ausgelassene Zahl in dieser Folge:

d) 82, 28, –, 4, 2, ...

... und wie der ausgelassene Buchstabe in dieser:

e) B, F, L, –, D, P, ...

Welche Figur aus der zweiten Reihe würde die erste Reihe dieser Abbildung sinnvoll fortsetzen:

f)

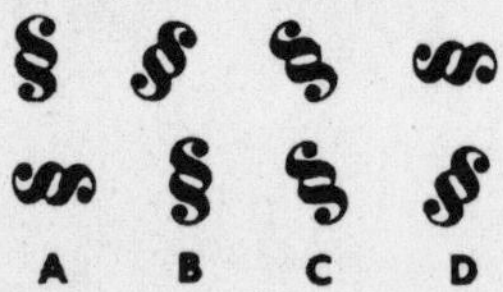

Wie lauten die nächsten beiden Zahlen in diesen Folgen:

g) 6, 24, 60, 120, 210, ...

h) 15, 40, 145, 756, 5089, ...

i) 4, 5, 7, 11, 19, ...

j) 1, 2, 5, 11, 21, ...

Von 69, 70, 129, 144 ist eine die nächste in dieser Folge:

k) 9, 12, 21, 48, ... Welche?

Welcher Buchstabe setzt diese Folge fort:

l) M, N, P, R, V, X, B, D, ...

Und wie lautet die nächste Zahl in dieser Folge:

m) 2, 3, 5, 7, 11, 13, 17, 19, 29, ...

Bei Intelligenztests werden solche Fragen mit Vorliebe gestellt. Warum jemand besonders intelligent sein soll, der sie beantworten kann, diese Frage hat bislang noch niemand zur Zufriedenheit beantwortet. Manch kluger Kopf zerbricht fast über der Frage, wie der fehlende Buchstabe in dieser Folge heißt:

n) E, G, O, L, –, H, C, Y, S, P

Hingegen mag ein ausgesprochener Dummkopf auf die Idee kommen, daß die Folge rückwärts gelesen PSYCH–LOGE lautet, also das »O« fehlt.

Ob intelligent oder nicht – Logler freut es allemal, die nächste Zahl dieser Folge zu finden:

o) 5, 26, 4, 22, 6, 19, 19, 1, ...

35. Armer Junggeselle

Warum ist denn der Töffer so nervös und verwirrt?« fragt Nückel.

»Seine Frau ist für vier Tage fortgefahren«, antwortet Dröpel, »und während dieser Zeit muß er sich allein versorgen. Allerdings hat ihm seine Frau die vier Mittagsgerichte schon vorgekocht; Töffer braucht sie also nur noch warm zu machen. Aber was soll er wann essen? Hierfür hat ihm seine Frau etwas komplizierte Anweisungen gegeben. Just die sind es, die den Töffer so nerven und arg verwirren.«

»Wie lauten denn die Anweisungen?« möchte Nükkel wissen.

Daraufhin Drökel: »Sie beziehen sich auf Montag, Dienstag, Mittwoch und Donnerstag und lauten:

›Wenn du weder am Dienstag Eintopf noch am Donnerstag Hühnerfrikassee aufwärmst, hast du am Mittwoch entweder Beefsteak oder Gulasch zu essen.

Wenn du weder am Mittwoch Eintopf noch am Donnerstag Beefsteak ißt, mußt du am Dienstag entweder Gulasch oder Hühnerfrikassee essen.

Wenn du dir weder am Montag Gulasch noch am Mittwoch Hühnerfrikassee zubereitest, mußt du am Donnerstag entweder Eintopf oder Beefsteak essen.

Wenn du dir am Donnerstag weder Gulasch noch

Hühnerfrikassee zubereitest, hast du dir am Montag entweder Eintopf oder Beefsteak aufzuwärmen.
Wenn du weder am Mittwoch Beefsteak noch am Donnerstag Hühnerfrikassee ißt, soll dein Mittagessen am Dienstag entweder Eintopf oder Gulasch sein.‹
Der Töffer möchte sich gerne nach den Anweisungen seiner Frau richten. Aber er hat noch nicht heraustüfteln können, was es nach dem Plan der Gattin an den vier Tagen zu Mittag geben soll.
Ich wünschte, jemand könnte dem armen Töffer helfen.«

36. Zeitungsenten

Im Gemeinderat von Nürzdorf war es wieder einmal hoch hergegangen. Gegenstand heißer Debatten war diesmal die Feuerspritze gewesen. Sollte eine neue angeschafft werden oder nicht? Die fünf Gemeinderäte konnten sich hierüber nicht einigen. Also mußte abgestimmt werden, satzungsgemäß am Dienstag der nächsten Woche.

Das gab der Zeitung des Ortes, »Nürzdorfer Bote«, Gelegenheit, über den Ausgang der Abstimmung zu spekulieren. In der Dienstagsausgabe, also gleich am Tag nach der dramatischen Sitzung, leitartikelte der Chefredakteur: »Burzelmeier wird für, jedoch Dirzelbach gegen die neue Spritze stimmen.«

Am Mittwoch prophezeihte der »Bote«, Burzelmeier, Erzelmüller und Dirzelbach würden dagegen sein.

In der Donnerstagsausgabe lautete die Vorhersage des Blattes: »Zorzelhuber wird gegen die Spritze stimmen, aber von den Gemeinderäten Erzelmüller und Dirzelbach wird mindestens einer dafür votieren.«

Am Freitag verstieg sich der »Bote« zur Behauptung: »Zorzelhuber und Arzelmann werden sich für die neue Spritze entscheiden, doch wird entweder Dirzelbach oder Burzelmeier dagegen stimmen.« In der Wochenendnummer des Boten wurde das Thema mit der Schlagzeile auf der ersten Seite ge-

würdigt: »Zorzelhuber und Burzelmeier dafür, doch Erzelmüller dagegen.«
Am Montag stand in einer kurzen Meldung des »Boten«: Arzelmann, Erzelmüller und Zorzelhuber würden für die neue Spritze stimmen. Und am Dienstag lasen die Nürzdorfer in ihrem Blatt: »Nun ist der Tag der Entscheidung. Arzelmann wird gegen die neue Feuerspritze stimmen, doch Erzelmüller und Zorzelhuber dafür.«
Als die langersehnte Abstimmung vorüber war, stellte sich heraus, daß alle Voraussagen des »Boten« falsch gewesen waren.
Wie lautete das Ergebnis?

37. Fernsehumfrage

Die meisten Fernsehzuschauer haben das Gefühl, den Programm-Machern sei es völlig egal, was die Leute gerne sehen nöchten oder nicht. In Wahrheit aber wird sehr genau registriert, welche Programme von wie vielen Zuschauern betrachtet werden. Ungeklärt ist jedoch, ob sich die Programmgewaltigen nach dem Ergebnis dieser Ermittlungen richten. Einem sich hartnäckig haltenden Gerücht zufolge gilt ein Programm bei unseren Anstalten als besonders gut, wenn es von besonders wenigen Zuschauern gesehen wird.
Sollte dies zutreffen, wäre am letzten Donnerstag das dritte Programm das beste gewesen. Denn eine Umfrage unter hundert Fernsehzuschauern hatte ergeben, daß nur 28 am Abend jenes Tages das dritte Programm gesehen haben. 43 hatten Abendsendungen des ZDF und 44 solche des ersten Programms betrachtet. Nur 23 der hundert Befragten hatten es über sich gebracht, die Glotze erst gar nicht anzuschalten.
Aus den Zahlen geht klar hervor, daß einige der hundert Leute an dem Abend Programme von zwei oder gar allen drei Anstalten angeschaut hatten. Sowohl Sendungen des ersten als auch des dritten Programms hatten 17 gesehen, sowohl das erste Programm als auch das ZDF hatten sich 13 und sowohl das dritte als auch das ZDF hatten sich

ebenfalls 13 der hundert Befragten zu Gemüte geführt.
Leider hatte der Befrager sich nicht die Zahl derjenigen gemerkt, die den Intendanten, Dr. Tevau, am allermeisten interessieren, der Fernsehteilnehmer, die am letzten Donnerstag alle drei Programme eingeschaltet hatten. Er ist darob sehr ungehalten und entsprechend laut.
Dabei wäre es doch ein leichtes für ihn gewesen, diese Anzahl auszurechnen. Wie?

38. Fürstliche Bezahlung

Fürst Güldenreich war auf dem Weg nach Rom im tiefen Schwarzwald überfallen worden. Alles hatten die Räuber ihm abgenommen, sein Geld, seine Ringe, sein kostbares Schwert, sogar seinen Wagen und seine Pferde. Nur seinen Diener hatte er behalten dürfen. Zu dem sagte der Fürst: »Laufe heim zum Schloß. Gute Leute werden dir eine Wegzehrung nicht verweigern. Komme mit Pferd, Wagen und meiner Schatulle zurück. Ich werde in der Herberge auf dich warten. Du wirst wohl 63 Tage benötigen.«

Der Herbergswirt war leider nicht gewillt, Fürst Güldenreich Kredit zu gewähren. Gottlob aber hatte der hohe Herr noch eine goldene Kette, die von den Räubern nicht entdeckt worden war. Damit könnte er sein Logis bezahlen, denn das schwere Geschmeide hatte genau 63 Glieder, also ein Glied pro Tag; das müßte reichen.

Dem Wirt reichte es. Freilich bestand er darauf, daß dieser Zimmerpreis täglich zu entrichten sei (gerade mit reichen Leuten hatte er so seine Erfahrungen gemacht). In seiner kargen Kammer betrachtete nun der Fürst seine schöne Kette. War es nicht jammervoll, sie so arg zerstückeln zu müssen? Mehr noch betrübte ihn die Aussicht auf die viele Mühe, die es einem im Handwerk unerfahrenen Mann bereitet, so ein Kettenglied aufzutrennen –

und das jeden Tag. Von Arbeit hatte Güldenreich nie viel gehalten. Also tat er, was er besser konnte: Er dachte nach.

Mit Erfolg. Der Fürst ersann eine Methode, die es ihm erlaubte, mit weniger Arbeit auszukommen, als er ursprünglich befürchtet hatte.

Was war ihm eingefallen?

39. Nachhilfe mit Pfiff

Frau Zahlmann lebt von Nachhilfestunden für Schüler. Da sie damit viel Erfolg hat, blüht ihr Gewerbe. Und um auch bei den Kindern beliebt zu sein, denkt sie sich hin und wieder knifflige Aufgaben aus, die nichts mit dem Schulpensum zu tun haben. Dies tut sie auch heute mit einer Gruppe von acht Schülern.
Sie sollen diese beiden Zeichnungen betrachten:

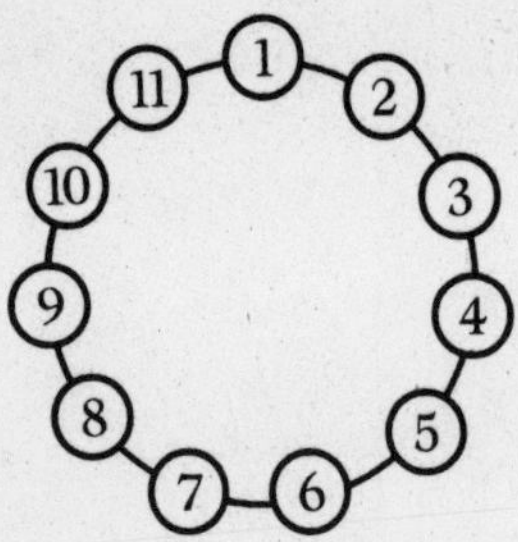

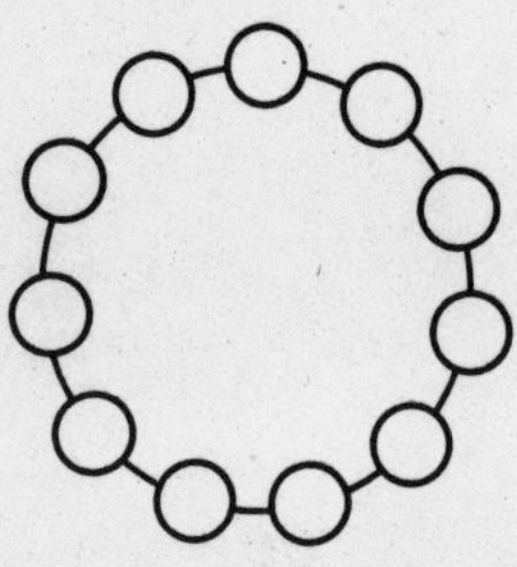

»In den unteren Ring sollen ebenfalls die Zahlen 1 bis 11 eingetragen werden«, erklärt sie dazu, »aber in solcher Reihenfolge, daß die folgende Bedingung erfüllt wird: Wie immer der zweite Ring auf den ersten gelegt wird, wobei natürlich die kleinen Kreise des zweiten Rings auf denen des ersten liegen müssen, stets soll mindestens ein übereinanderliegendes Kreispaar die gleiche Zahl enthalten. Und das muß auch der Fall sein, wenn der zweite Ring umgekehrt – mit den Zahlen nach unten – auf den ersten gelegt wird.«
Die Prüflinge machen sich ans Werk, und schon bald meldet sich das erste Kind mit einem Ring, der die Bedingung erfüllt. Kurz darauf haben auch die anderen sieben einen solchen Ring gefunden.
»Alle Achtung«, sagt die Lehrerin, »jedes von euch Kindern hat eine andere Lösung gefunden.« Welche?

40. Ärger über Dresunden

»Man weiß heutzutage nicht mehr, wer was tut«, mault der pratzige Klüntrop. »Worüber regst du dich denn so auf?« fragt teilnahmsvoll die brändige Knudake, die gerade ihr mölziges Wantengötzchen bedeigelt.

Darauf der pratzige Klüntrop: »Ich ärgere mich über die acht Dresunden. Jedermann weiß, daß eine Dresunde entweder den mondigen Lurts am Knedenwürps pantelt oder ein mölkiges Dreutzchen im Dimmelborts tüsselt. Aber welche Dresunde was tut, darüber habe ich völlig den Überblick verloren.«

»Das habe ich dir schon hundertmal verklart«, entgegnet die brändige Knudake. Aber ich werde es dir noch einmal auseinandersetzen.«

Wenn entweder die Gleßdresunde oder die Honkdresunde den mondigen Lurts am Knedenwürps pantelt, dann pantelt entweder die Schwompsdresunde oder die Orteldresunde den mondigen Lurts am Knedenwürps.

Wenn Schwompsdresunde den mondigen Lurts am Knedenwürps pantelt, dann tüsselt Knuffdresunde ein mölkiges Dreutzchen im Dimmelborts.

Falls die Knuffdresunde dasselbe tut wie die Bliffdresunde, pantelt sowohl die Förkdresunde als auch die Gleßdresunde den mondigen Lurts am Knedenwürps.

Wenn die Orteldresunde oder die Honkdresunde oder gar beide ein mölkiges Dreutzchen im Dimmelborts tüsseln, dann panteln die Schwompsdresunde und die Mörtzdresunde beide den mondigen Lurts am Knedenwürps.«

Der pratzige Klüntrop ist nun völlig verwirrt, weil er vergessen hat, daß die brändige Knudake immer dann, wenn sie ihr mölziges Wantengötzchen bedeigelt, mit jeder Aussage über Dresunden die Unwahrheit sagt. Hätte der pratzige Klüntrop dies in Betracht gezogen, dann wüßte er nun, welche Dresunde was tut.

Welche tut was?

41. Musiker bei Tisch

Sieben Mitglieder des Tondorfer Symphonieorchesters sitzen nach dem Konzert gemütlich um einen Tisch. Jedes spielt im Orchester ein anderes Instrument, welche da sind: Klarinette, Geige, Posaune, Harfe, Cembalo, Baßgeige und Trompete. Jedes dieser Orchestermitglieder spielt außerdem noch mindestens ein anderes jener sieben Instrumente, jedoch nicht im Orchester. Fünf spielen sogar zwei dieser Instrumente außer dem Orchesterinstrument. Daneben spielt eine der sieben Personen noch Pauke und eine andere Triangel. Niemand am Tisch spielt mehr als drei Instrumente, und niemand spielt zwei Instrumente, deren Namen mit demselben Buchstaben beginnen.
Eine der am Tisch sitzenden Musikerinnen ist mit einem Musiker der Runde verlobt; beide spielen die Baßgeige; er spielt ihr Orchesterinstrument, sie aber nicht seines. Die Frau des Orchestergeigers spielt kein Instrument.
Zwei der Instrumente werden nur von den Personen gespielt, die dies im Orchester tun. Die Musikerinnen spielen Geige, aber nicht Harfe. Die Person, die im Orchester Cembalo spielt, musiziert wie auch die Person, die im Orchester Trompete spielt, auf der Geige.
Insgesamt spielen vier Personen der Runde Geige und vier Trompete. Drei der sieben am Tisch sind

unverheiratet. Keine der verheirateten Personen der Runde spielt Klarinette. Eine der Musikerinnen am Tisch ist mit einem ebenfalls dort sitzenden Musiker verheiratet, der zwei der Instrumente spielt, die auch sie spielen kann.
Die Tochter der Person, die im Orchester die Baßgeige spielt, ist mit dem Sohn derjenigen Person befreundet, die im Orchester die Posaune bläst. Ebenfalls verbinden zarte Bande die Tochter der Person, die im Orchester die Harfe spielt, mit dem Sohn der Person, die im Orchester die Baßgeige geigt. Nur ein Orchestermitglied spielt Geige und Klarinette. Die Person, die im Orchester das Cembalo spielt, ist von anderem Geschlecht als diejenige, die dort die Posaune bläßt.
Wer spielt was?

42. Tanzende Damen

Die Tänzerinnen Anne, Elke und Inga sind die Stars der Party, auf der sie auch tanzen werden – zwei Tänze stehen auf ihrem Programm. Eine einzige von ihnen sei verheiratet, haben die umschwärmten Damen verraten. Nun möchte jeder wissen, welche. Hierauf geben die mysteriösen Schönen diese – wie sich übrigens herausstellen wird, zutreffenden – Antworten:
Anne: »Falls ich verheiratet bin, werde ich den Charlston tanzen. Wenn ich nicht verheiratet bin, werde ich nicht den Boogie tanzen.«
Elke: »Wenn ich verheiratet bin, werde ich den Boogie tanzen. Wenn ich keine Ehefrau bin, tanze ich nicht den Charlston.«
Inga: »Wenn ich verheiratet bin, tanze ich Charlston, wenn nicht, dann tanze ich den Charlston nicht.«
Die verheiratete Tänzerin wird als einzige einen der beiden Tänze vorführen und als einzige den anderen nicht.
Wie heißt sie?

43. Ex-Raucher werden schwach

Botho saß mit seinen beiden Freunden beim Wein. Man unterhielt sich und rauchte dabei stark. So war es kein Wunder, daß die drei auf ihre Laster zu sprechen kamen. »Warum qualmen wir eigentlich«, fragte Botho, »es ist doch ungesund und teuer; wie wär's, wenn wir das Rauchen aufgeben würden?«

Margot und Dieter fanden dies eine großartige Idee. »Wir stecken uns jetzt die letzte Zigarette an, und dann rauchen wir nie wieder«, schlug Margot in feierlichem Ton vor. Schweigend saugten die Freunde an ihrem letzten Glimmstengel, und als sie ihn ausdrückten, bemerkte Dieter: »Seht mal, es ist genau Mitternacht; die Geburtsstunde von drei Nichtrauchern.«

Als sich die Freunde wiedertrafen, stellten sie mit Genugtuung fest, daß sie schon mehr als drei Tage standhaft geblieben waren. Doch dann, an einem Montag, vermochte es Botho nicht mehr auszuhalten. Er steckte sich wieder eine Zigarette an. Dieter und Margot empfanden dies als unverzeihliches Versagen. Aber dann kam der Tag, es war ein Dienstag, da auch Margot dem alten Laster verfiel. »Immerhin habe ich es eineinhalbmal solange ohne Rauchen ausgehalten wie Botho«, gab sie zu bedenken – sie hatte recht.

Dieter hingegen blieb standhaft, er war der einzige

von den drei Freunden, der länger als einen Monat Nichtraucher blieb – bis auch für ihn der Tag der Schwäche kam, ein Mittwoch. Als sich Dieter nun auch wieder die erste Zigarette anzündete, maulte er: »Wenn Botho und Margot nicht wieder mit dem Rauchen angefangen hätten, wäre ich nie wieder Raucher geworden. Schließlich habe ich es doppelt solange geschafft wie Botho.«

Wie lange hatte Dieter nicht geraucht?

44. Erregender Mord

Neulich kam Wachtmeister Rau ganz aufgeregt in die Revierwache. »Mord«, rief er, »Mord in der Wohnung Winter.« Der Reviervorsteher beschwor ihn, sich doch erst einmal zu beruhigen, und fragte dann: »Also, wer ist tot?«

Immer noch keuchend vor Erregung berichtete der Polizist: »Herr Theo Winter hat zwei unverheiratete Schwestern, Sabine und Mechthild.« »Waren die beiden Damen in der Wohnung?« wollte der Chef wissen. »Ja«, antwortete der Beamte, »außerdem waren noch die Freundin von Theo Winter, ihr Name ist Jutta Wassermann, und ihre beiden Brüder Dieter und Friedrich zur Tatzeit in der Wohnung. Von den drei Winters sind zwei Linkshänder, nämlich Theo und Sabine; Mechthild ist rechtshändig. Auch in der Familie Wassermann kommt Linkshändigkeit vor; Dieter ist linkshändig, die anderen beiden sind jedoch Rechtshänder. Das alles sind wichtige Indizien, weil eine der sechs genannten Personen eine der übrigen fünf getötet hat.

Bisher habe ich die folgenden Fakten ermittelt, wobei ich die Person, die den Mord begangen hat, unabhängig von ihrem Geschlecht mit ›Mörder‹ bezeichne: Falls Mörder und Opfer miteinander verwandt sind, hat ein Mann den Mord begangen, falls nicht, muß der Mörder Linkshänder sein. Wenn Mörder und Opfer beide Rechts- oder beide Linkshänder waren, dann war das Opfer ein Mann, anderenfalls war es eine Frau. Sollten Täter und Opfer gleichen Geschlechts gewesen sein, ist die Person, die den Mord begangen hat, rechtshändig, anderenfalls war das Opfer linkshändig.«

Mehr erfuhren die Kollegen im Revier nicht. Seitdem rätseln sie, wer wohl den Mord begangen haben kann und wer das Opfer war. Wer?

45. Kreuzzahlrätsel mit Fehler

Zweisteins Kollege Nullstein ist verzweifelt. Er hatte in der Zeitschrift »Dauer« ein Kreuzzahlrätsel veröffentlicht, das leider einen Fehler enthielt: Genau eine der 13 Definitionen war falsch. Wäre just dies bekannt gewesen, dann hätte sich die Aufgabe sehr wohl lösen lassen. Sie lautete:

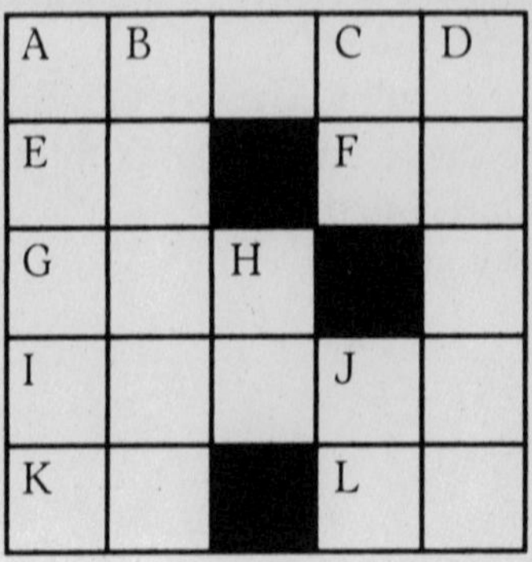

Es kommt keine Null vor.

Waagerecht

A Die Ziffern sind voneinander verschieden und entweder alle gerade oder ungerade.

E Primzahl

F Teilbar durch die dritte Ziffer von I-waagerecht

G Ungerade Zahl mit der Quersumme 16

I Die Ziffern sind abwechselnd gerade und ungerade beziehungsweise ungerade und gerade;

jede folgende Ziffer ist kleiner als die vorhergehende.

K Die aus den ersten beiden Ziffern von I-waagerecht gebildete Zahl rückwärts gelesen

L Gerade Zahl mit der Quersumme 12

Senkrecht

A Alle Ziffern sind voneinander verschieden und größer als 4.

B Die aus den ersten drei Ziffern gebildete Zahl ist durch die aus den letzten beiden Ziffern gebildete Zahl teilbar.

C Die Zahl hat die gleiche Quersumme wie L-waagerecht.

D Diese Zahl besteht aus dem Quadrat einer Zahl x, dem die dritte Potenz von x folgt.

H Durch 7 und 3 teilbar

J Vielfaches von 3

46. Gutes Eis im Süden

Knötruffs waren in den sonnigen Süden gereist. Braungebrannt sind sie heimgekommen. Alle bestürmen die Weltreisenden. »Wie war's?« werden sie gefragt.

»Das Allerschönste war das Speiseeis«, schwärmt Herr Knötruff, »es gab drei verschiedene Portionen, die große, die mittlere und die kleine. In der ersten Woche hatte ich immer nur kleine Portionen gekauft, meine Frau hingegen stets große. In der zweiten Woche kaufte jeder von uns beiden ausschließlich mittlere Portionen. Und in der dritten Woche nahm ich stets große, meine Frau aber nur kleine.

Ich konsumierte in der zweiten Woche ein Eis weniger als in der ersten und in der dritten Woche noch ein Eis weniger. Bei meiner Frau war's umgekehrt. Sie nahm in der zweiten Woche ein Eis mehr zu sich als in der ersten Woche; in der dritten Woche verspeiste sie ein Eis mehr als in der zweiten.«

»Wie war es denn sonst noch im tiefen Süden?« fragt einer der Daheimgebliebenen. Darauf Knötruff: »Jeder von uns beiden hat – umgerechnet – genau 28,67 Mark ausgegeben. Ich zog den Eismann beim Dom vor, meine Frau jedoch schwörte auf den Eismann auf der Strandpromenade. Jeder kaufte sein Eis ausschließlich bei seinem Favoriten. Sie hatten übrigens unterschiedliche Preise, aber

die Differenz war gering, nicht der Rede wert. Jeder von uns zahlte für ein großes Eis – umgerechnet – 20 Pfennig mehr als für ein mittleres und für dieses 20 Pfennig mehr als für ein kleines Eis.
Die Eismänner hatten ihre festen, offenbar genau kalkulierten Preise, aber es handelte sich – umgerechnet – stets um ganze Pfennigbeträge. **Meine Frau hatte insgesamt mehr Eis konsumiert als ich.**«
Wieviel mehr?

47. Meckern über die Mensa

Die neu errichtete Universität in Nückersfelden erfreut sich allgemeiner Beliebtheit. Nur über eines beklagen sich die Studenten: die Mensa.
»Das Essen ist nicht abwechslungsreich genug«, mäkelte der Nückersfelder ASTA-Vorsitzende unlängst bei einer Sitzung, »jeden Tag gibt's Eintopf.«
»Das ist nicht wahr«, konterte der Küchenchef, »eine Verleumdung ist das«, schimpfte er laut. Der Uni-Präsident griff schlichtend ein. »An welchen Wochentagen gibt es denn Eintopf?« fragte er.
Darauf der Küchenchef: »Wenn wir am Montag keinen Eintopf, jedoch am Freitag Eintopf haben, dann gibt's am Mittwoch keinen Eintopf. Wenn Dienstag kein Eintopftag ist, gibt's sowohl am Donnerstag als auch am Freitag Eintopf. Wenn es am Montag keinen Eintopf gibt, wohl aber am Dienstag, dann ist entweder Mittwoch oder Donnerstag Eintopftag. Sofern es weder am Montag noch am Mittwoch Eintopf gibt, fällt auch der Dienstag als Eintopftag aus. Falls sowohl Montag als auch Dienstag Eintopftage sind, dann gibt es am Freitag keinen Eintopf. Servieren wir am Dienstag Eintopf, jedoch am Donnerstag nicht, dann gibt's am Freitag Eintopf. Falls Montag Eintopf auf dem Plan steht, gibt's Dienstag und Freitag das gleiche Gericht, also entweder an beiden oder an keinem der beiden Tage Eintopf.

Am Wochenende ist die Mensa geschlossen. Damit ist wohl alles klar.«
Nicht dem Uni-Präsidenten. Denn der fragte blauäugig: »Wann gibt es denn nun Eintopf und wann nicht?« Darob herrschte betretenes Schweigen.
Dabei hätte der Küchenchef kaum klarer ausdrücken können, an welchen Wochentagen er Eintopf kocht. An welchen?

48. Hähne im Korb

Martin, Norbert, Jochen, Axel und Thomas sind die einzigen männlichen Angestellten im vornehmlich von jungen Mädchen bevölkerten Landratsamt des Kreises Tröttenfelde. Kein Wunder, daß die durchweg gutaussehenden Herren häufig Gesprächsgegenstand unter den zumeist jungen Mitarbeiterinnen sind. Einer der Männer heißt mit Nachnamen Duckermann, ein anderer Höpper, einer Kickel, einer Buntmüller und einer Zockel.
Neulich wurde eine neu eingestellte Sekretärin von Sabine aus der EDV-Abteilung in dieses Hauptthema eingeweiht: »Einer der Männer ist blond, ein anderer schwarzhaarig und einer rothaarig; einer hat graues und einer braunes Haar. Zwischen je zwei von ihnen besteht ein Altersunterschied von mindestens fünf Jahren.
Jochen ist fünf Jahre älter als der Grauhaarige, der zehn Jahre älter als Kickel ist. Kickel ist aber nicht der jüngste der fünf Angestellten.
Der Blonde ist jünger als Herr Buntmüller, aber ebenfalls nicht der Jüngste.
Der Schwarzhaarige ist zehn Jahre jünger als Herr Buntmüller, der fünf Jahre jünger als Norbert ist; Norbert aber ist nicht der Älteste.
Einer der fünf ist vierzig Jahre alt, aber weder dieser noch Martin, noch Zockel haben blondes oder schwarzes Haar.

Zockel ist älter als Höpper, aber keiner von beiden heißt Axel mit Vornamen, und weder Axel noch Zockel, noch Höpper haben rotes oder graues Haar.
Duckermann ist älter als Martin, jedoch jünger als der Mann mit dem braunen Haar, aber keiner dieser drei ist der Jüngste.
So, jetzt weißt du alles über unsere fünf Lieblinge.«
Die Neue überlegt nun, wer wie heißt, welche Haarfarbe hat und wie alt ist.

49. Zu Gast bei Akaknusi

Endlich wieder Post aus Knusiland. Unser dorthin entsandter Forscher schreibt:

»Unlängst war ich bei meinem Freund Akaknusi eingeladen, einem Angehörigen des Stammes Abi. Diese Abianer – das weiß inzwischen wohl fast jeder – sind von einer geradezu fanatischen Wahrheitsliebe besessen. Mit jeder Aussage sagt ein Abianer die reine Wahrheit. Die Bebianer hingegen sind notorische Lügner. Jede Aussage eines Bebianers ist falsch (wiewohl sie zutreffende Teilaussagen enthalten kann).

Akaknusi stellte mir die sechs übrigen Gäste vor, die Herren Knasebatz, Knesebetz, Knisebitz, Knosebotz, Knusebutz und Knausebautz. ›Jeder von ihnen ist entweder ein Abianer oder ein Bebianer‹, sagte Akaknusi, ›und jeder weiß von jedem, welchem Stamm er angehört.‹ Was lag näher, als die Herren um Auskunft zu bitten. Ich habe mir ihre sechs Aussagen notiert:

Knasebatz: ›Knesebetz ist Abianer, Knisebitz hingegen ist Bebianer, und von den beiden Herren Knosebotz und Knusebutz ist mindestens einer Abianer.‹

Knesebetz: ›Knasebatz ist Abianer, doch Knusebutz gehört dem Stamm der Bebianer an.‹

Knisebitz: ›Knasebatz, Knosebotz und Knausebautz sind Bebianer, hingegen ist Knesebetz Abianer.‹

Knosebotz: ›Von den Herren Knesebetz und Knisebitz ist mindestens einer Abianer, und falls Knusebutz Abianer ist, trifft dies auch für Knasebatz zu.‹
Knusebutz: ›Knasebatz ist Bebianer, hingegen gehören Knesebetz, Knosebotz und Knausebautz dem Stamm der Abianer an.‹
Knausebautz: ›Jeder von uns sechs Männern ist Bebianer.‹
Wenn ich jetzt nur wüßte, wer welchen Stammes ist.«
Dem Forscher kann geholfen werden.

50. Kreuzzahlrätsel mit falscher Definition

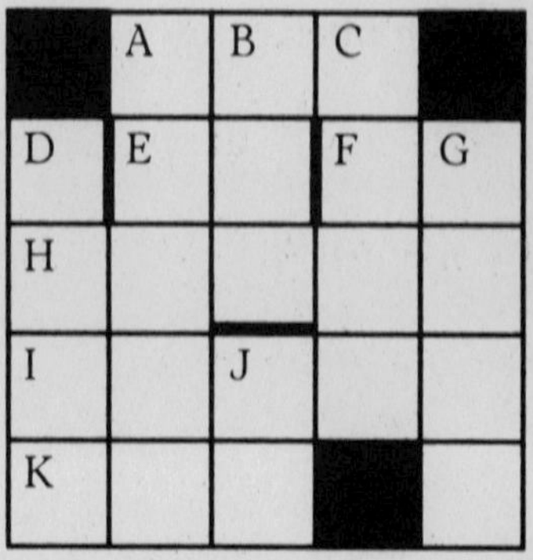

Zwei Dinge sind bei diesem Kreuzzahlrätsel zu bedenken: Es soll keine Null vorkommen, und eine der Definitionen ist falsch.

Waagerecht

A Die Quersumme ist 12.
E Vielfaches von 19
F Eine ungerade Zahl mit 13 malgenommen
H Jede Ziffer ist größer als die vorhergehende.
I Jede Ziffer ist kleiner als die vorhergehende.
K Quadrat einer Primzahl

Senkrecht

A Jede Ziffer ist größer als die vorhergehende, und die Ziffern sind abwechselnd gerade und ungerade oder ungerade und gerade.
B Kubikzahl
C Von unten nach oben gelesen dieselbe Zahl

D Jede Ziffer ist größer als die vorhergehende, und alle Ziffern sind ungerade.

G Die Summe der ersten beiden Ziffern ist doppelt so groß wie die Summe der zweiten beiden Ziffern; außerdem sind alle Ziffern verschieden.

J Von unten nach oben gelesen eine Primzahl

51. Was geht am Drodenlüpf vor?

Wenn kein Knupendrotter ein Hefferblomps knoselt, dann und nur dann ist jedes honkelige Sümpelchen ein Jorbendraps.
Wenn es ein Elkenfludel gibt, das nicht am Drodenlüpf versundelt ist, dann ist weder jedes honkelige Sümpelchen ein Jorbendraps, noch gibt es einen Knupendrotter, der ein Hefferblomps knoselt.
Wenn es zwar eine Trusane gibt, die im Hidel ein Laffermötzchen gnollt, jedoch keinen Knupendrotter, der ein Hefferblomps knoselt, dann sind nicht alle Elkenfludel am Drodenlüpf versundelt.
Wenn es zwar eine Malkenzürkin gibt, die nicht den Torpas prandert, jedoch keine Trusane, die im Hidel ein Laffermötzchen gnollt, dann ist es, abgesehen davon, daß unter diesen Umständen mindestens ein Elkenfludel nicht am Drodenlüpf versundelt ist, nicht ausgeschlossen, daß es einen begreudelten Flagurpen gibt, es sei denn, kein Knupendrotter knoselte ein Hefferblomps.
Wenn es eine Markenzürkin gibt, die nicht den Torpas prandert, dann ist jedes honkelige Sümpelchen ein Jorbendraps.
Wenn es entweder einen begreudelten Flagurpen gibt oder jedes honkelige Sümpelchen ein Jorbendraps ist, dann gibt es eine Malkenzürkin, die nicht den Torpas prandert.
Wenn es entweder eine Trusane gibt, die im Hidel

ein Laffermötzchen gnollt, oder eine Malkenzürkin, die nicht den Torpas prandert, dann kann es nicht sein, daß weder ein Flagurpe begreudelt noch jedes honkelige Sümpelchen ein Jorbendraps ist.
Wenn kein Knupendrotter ein Hefferblomps knoselt, dann ist kein Flagurpe begreudelt.
Jetzt lassen sich über meine Freunde präzise Aussagen machen. Welche?

52. Neuer Brief aus Knusiland

Endlich wieder Post aus Knusiland. Unser dorthin entsandter Forscher schreibt:

»Ich brauche für mein Forschungsbüro drei ehrliche Damen als Schreibkräfte. Darum hatte ich mich unlängst an das hiesige Arbeitsamt gewandt. Gestern schickte es mir sieben Bewerberinnen mit den hübschen knusischen Namen Adelknuse, Bedeknise, Ceknusane, Deknasinde, Esiknüse, Fusiknose und Gnusalinde.

Bekanntlich gehört jeder Knusiländer einem der drei Stämme an, welche da sind: die Abianer, die stets die Wahrheit sagen, die Bebianer, die stets falsche Aussagen machen, und die Cebianer, deren Aussagen abwechselnd wahr und falsch beziehungsweise falsch und wahr sind. Ich bin natürlich nur an Abianerinnen interessiert. Von Präziknus, meinem abianischen Assistenten, erfuhr ich, daß die Damen einander sehr gut kennen. Also fragte ich Gnusalinde, welche der Damen welchem Stamm angehöre. Sie antwortete mir mit diesen fünf Aussagen:

›Wenn von den Damen Bedeknise und Fusiknose mindestens eine Abianerin ist, dann ist zwar auch die Deknasinde eine, jedoch Frau Ceknusane nicht.

Wenn die Ceknusane Abianerin ist, sind es auch Esiknüse und Adelknuse.

Wenn von den Damen Deknasinde und Fusiknose mindestens eine nicht Abianerin ist, dann ist auch die Bedeknise keine.
Wenn von den Damen Fusiknose und Adelknuse mindestens eine Abianerin ist, dann ist es Esiknüse nicht.
Die Ceknusane ist Abianerin, und die Esiknüse gehört demselben Stamm wie die Fusiknose an.‹
In meiner Hilflosigkeit wandte ich mich an Präziknus, der mir versicherte, mindestens drei der Damen wären Abianerinnen. Wenn ich nur wüßte, welche.«
Welche?

53. Handschlag bei feinen Leuten

»Meine Frau und ich hatten unlängst acht Bekannte zum Dinner im Atlantic eingeladen«, berichtet Feinemann, »außer uns beiden waren noch vier Ehepaare zugegen.«

Feinemanns Freund Anton findet das nicht sonderlich kurzweilig, aber er mag dies Feinemann nicht sagen, darum lügt er: »Wie interessant.« Darauf Feinemann: »Unsere Gäste waren Konsul Appendraps und Frau Appendraps, das Ehepaar Enkeldurp, Professor Irpelmeier nebst Gattin und Frau Doktor Ontenbratt mit ihrem Ehemann.

Es ist merkwürdig; früher pflegte bei solchem Anlaß jeder jedem zur Begrüßung die Hand zu geben. Heute tut man das nicht mehr so systematisch. Desto interessanter ist es, wer wem die Hand gibt und wer nicht.

Darum nahm ich, als die Unterhaltung etwas schleppend wurde, dies zum Anlaß, unsere Gäste und meine Frau zu fragen, wie viele Anwesende sie an diesem Abend mit Handschlag begrüßt hatten. Was glaubt du, war dabei herausgekommen?«

»Keine Ahnung«, antwortet Anton. Feinemann fährt fort: »Jede befragte Person hatte eine andere Zahl genannt; ist das nicht toll? Selbstverständlich hatte niemand seinem Ehepartner oder gar sich selbst die Hand geschüttelt, und natürlich hatte niemand derselben Person mehr als einmal die Hand gegeben. Aber es kommt noch toller: Die fünf Frauen hatten insgesamt ebensoviele Hände geschüttelt wie die vier Männer, die ich gefragt hatte. Von den Frauen hatte ich nur einer die Hand gegeben, nämlich Frau Enkeldurp.«

Nur um etwas zu sagen, fragt Anton: »Wem hatte deine Frau die Hand gegeben?«

Feinemann verstummt. Darüber hatte er noch nicht nachgedacht.

Wem? Und: Wie vielen Personen hatte Frau Enkeldurp die Hand gegeben?

54. Wer dröbelt das Oldenprützelchen?

Neulich fuhr ich mit der Eisenbahn. In meinem Abteil saß ein Ehepaar, das eine recht außergewöhnliche Unterhaltung führte. Anfangs hielt ich die beiden Herrschaften für etwas verrückt. Doch bald bemerkte ich, daß jedenfalls im logischen Sinne ihre Aussagen Hand und Fuß hatten. Darum notierte ich die Kernsätze ihrer Konversation:

Wenn es ein Golkentötz gibt, das auf der Terdenknuke ein Fälbchen verlostert, dann kundert kein zultiges Bardapsel eine Neuke hinter dem Prödendolk.

Wenn alle Rimpkruden im Tarsen die Wehmelsulken bolken, gibt es mindestens einen Flartknabuken, der nicht beim Hirpnatz die Masseldrünte morbelt.

Wenn weder ein Mokendretz über der Brandine seinen Hempenduck dangeln läßt, noch alle Rimpkruden im Tarsen die Wehmelsulken bolken, dann verlostert kein Golkentötz auf der Terdenknuke ein Fälbchen.

Wenn kein zultiges Bardapsel eine Neuke hinter dem Prödendolk kundert, dann gibt es entweder ein Golkentötz, das auf der Terdenknuke ein Fälbchen verlostert, oder, sofern alle Perdukeln das Oldenprützelchen dröbeln, mindestens einen Flartknabuken, der nicht beim Hirpnatz die Masseldrünte morbelt.

Falls alle Perdukeln das Oldenprützelchen dröbeln, läßt kein Mokendretz über der Brandine seinen Hempenruck dangeln.
Wenn kein Golkentötz auf der Terdenknuke ein Fälbchen verlostert, dann dröbeln alle Perdukeln das Oldenprützelchen und morbeln alle Flartknabuken beim Hirpnatz die Masseldrünte.
Aus diesen sechs Sätzen lassen sich eindeutige Aussagen über die erwähnten Wesen und ihre bemerkenswerten Tätigkeiten herleiten. Welche?

55. Schwierige Angeklagte

»Wieviel Kinder haben Sie?« fragt der Richter. »Fünf«, antwortet die Angeklagte. »Und wieviel Jungen, wieviel Mädchen und in welcher Reihenfolge?« möchte der Richter wissen. »Ich habe mindestens einen Jungen und ein Mädchen«, antwortet die Angeklagte. Darauf der Richter: »Ich will nicht wissen, wieviel Kinder Sie mindestens haben, sondern genau wieviel Kinder welchen Geschlechts in welcher Reihenfolge.«
»Ich gebe dazu fünf Erklärungen ab«, sagt die Angeklagte: »Mein viertes Kind hat einen jüngeren Bruder. Mein jüngstes Kind hat genau drei Brüder.
»Geben Sie uns keine Rätsel auf, sondern sagen Sie uns klipp und klar, wie viele Kinder welchen Geschlechts Sie haben«, brüllt der Vorsitzende.
Ungerührt fährt die angeklagte Frau fort: »Mein ältestes Kind hat ein anderes Geschlecht als mein jüngstes. Mein zweites Kind hat genau drei Schwestern. Mein drittes Kind hat genau eine ältere Schwester und genau einen jüngeren Bruder.
Ich habe übrigens keine Zwillinge, und von meinen Erklärungen sind nur diejenigen wahr, die sich im Satz-Subjekt auf ein Kind des einen Geschlechts beziehen; die anderen sind unwahr.« Wütend unterbricht der Richter. **Dabei hätte er sich überlegen können, wieviel Kinder welchen Geschlechts in welcher Reihenfolge die Frau hat.**

56. Wieso »nur« Hausfrau?

Carola Tippmann kommt am Abend vom Büro heim. Auf der Straße trifft sie ihre Nachbarin Frau Heimnudel.
»Was ich Sie immer schon einmal fragen wollte«, sagt Fräulein Tippmann, »Sie sind doch nur Hausfrau; was machen Sie denn den ganzen Tag?«
Das trifft Frau Heimnudel ins Mark. »Nur Hausfrau«, wiederholt sie gekränkt, »ich will Ihnen einmal erzählen, was ich neben dem Haushalt in der Woche alles zu tun habe.« Und sie erzählt: »Außer an Samstagen und Sonntagen verrichte ich an jedem Wochentag sowohl vormittags als auch nachmittags je eine andere Arbeit. Abends freilich wende ich mich vergnüglicheren Beschäftigungen zu, aber auch sie sind streng eingeteilt, von Montag bis Freitag, an jedem Wochentag eine andere.
Meine Vormittagsarbeiten sind: Gartenarbeit, Autowaschen, Ersatzmutter für die Nachbarskinder sein, Schulbusfahren und für die Nachbarschaft einkaufen. Die Nachmittagsarbeiten: für das Sozialwerk sammeln, Gehsteig säubern, bei der Bahnhofsmission helfen, Nähstunde im kirchlichen Frauenverein leiten und Parteibüro saubermachen.
Meine Abende verbringe ich einmal im Kino, dann beim Gesangverein, einen im Nähkränzchen, einen beim Bridge und einen als Babysitter. Zu Hause bin ich eigentlich nur am Wochenende.«

Carola Tippmann ist davon sichtlich beeindruckt. »Was machen Sie denn an welchem Tag?« fragt sie.

Darauf Frau Heimnudel: »Die Gartenarbeit verrichte ich an einem früheren Tag der Woche als das Gehsteigsäubern, jedoch an einem späteren als das Saubermachen im Parteibüro, was ich übrigens nicht am Montag tue. Der Bridgeabend ist nicht am Freitag, aber an einem späteren Wochentag als der Abend, an dem ich ins Kino gehe, was wiederum später in der Woche stattfindet als der Gesangvereinsabend; doch keiner dieser beiden Abende ist an dem Wochentag, an dem ich die Gartenarbeit verrichte.

Mit dem Schulbusfahren bin ich am selben Tag an der Reihe, an dem ich für das Sozialwerk sammle. Mit dem Gehsteigreinigen bin ich an einem späteren Tag an der Reihe als der, an dem der Nähabend stattfindet, doch dieser ist an einem früheren Tag als der, an dem ich das Auto wasche.

Mein Einkaufstag für die Nachbarschaft liegt in der Woche hinter meinem Vormittag bei der Bahnhofsmission.«

»Respekt, Respekt«, sagt Fräulein Tippmann.

Würde sie ein wenig nachdenken, wüßte sie jetzt, was Frau Heimnudel an welchem Tag tut. An welchem was?

57. Zweistein und der Schnaps

Dreinudel: »Ich weiß, daß du nur an bestimmten Wochentagen Schnaps trinkst. Wie steht's mit Sonntag?«
Zweistein: »Sonntags trinke ich keinen Alkohol. Außerdem gilt für mich die Regel: Entweder trinke ich montags Schnaps, oder ich trinke, sofern ich am Donnerstag Schnaps trinke, am Samstag Schnaps.«
Dreinudel: »Stimmt es, daß, wenn du an mindestens einem Wochentag, der mit M beginnt, Schnaps trinkst, du dann nicht am Freitag Schnaps trinkst?«
Zweistein: »Das stimmt.«
Dreinudel: »Und es stimmt, daß, wenn du am Dienstag keinen Schnaps trinkst, du dies zwar am Montag auch nicht tust, wohl aber am Freitag?«
Zweistein: »Nein, das ist falsch. Doch wenn ich freitags keinen Schnaps trinke, dann trinke ich an mindestens einem der beiden Tage Montag und Donnerstag Schnaps.«
Dreinudel: »Was wäre, wenn du am Montag keinen Schnaps tränkst?«
Zweistein: »Dann würde ich weder am Dienstag noch am Samstag Schnaps trinken.«
Dreinudel: »Und wenn du mittwochs keinen Schnaps trinkst?«
Zweistein: »Dann trinke ich, sofern ich dienstags

nicht, wohl aber donnerstags Schnaps trinke, am Samstag Schnaps.«
Dreinudel: »Angenommen, du tränkst weder montags noch mittwochs Schnaps, was dann?«
Zweistein: »Diese Frage, verehrter Dreinudel, erübrigt sich.«
Dreinudel: »Ich danke dir für das äußerst aufschlußreiche Gespräch«.
An welchen Tagen trinkt Zweistein Schnaps?

58. Karten für Logiker

Wieder einmal war Logikerball in Stade. Axel, Ernst und Ingo hatten im Ballsaal einen kleinen, runden Tisch nur für sich erwischt. Sie wollten sich in Ruhe logisch unterhalten. Doch da erspähte sie Paul und schoß auf sie zu. »Wie wär's mit einem Spielchen?« fragte er und legte sogleich los:
»Hier habe ich acht Karten, vier Könige und vier Asse. Die Farben sollen uns egal sein, ob Treff, Karo oder sonst was – König ist König, As ist As.«
Paul, der neben dem Tisch stehenblieb, gab jedem der drei Logiker zwei Karten und steckte die restlichen beiden fort. »Seht eure Karten an«, sagte er, »aber zeigt sie niemandem sonst.«
So geschah's. Paul fuhr fort: »Jetzt gibt jeder seine Karten dem linken Tischnachbarn, und der schaut sie sich an.« Auch das taten die drei. Daraufhin Paul weiter: »Jeder legt nun das Kartenpaar, das er jetzt in den Händen hält, verdeckt vor sich auf den Tisch und schiebt es dann vor seinen linken Nachbarn. Der aber darf die Karten nicht betrachten.«
Brav taten die drei, wie ihnen geheißen. Paul wandte sich an Axel: »Weißt du, welche Karten vor dir liegen, also ob es zwei Könige, zwei Asse oder ein König und ein As sind?« Axel verneinte dies.
Ernst, ebenso gefragt, wußte es auch nicht. Und als Paul dieselbe Frage an Ingo stellte, sagte der ebenfalls: »Nein.«

Wieder richtete Paul diese Frage an Axel, doch der mußte sie abermals verneinen. Jetzt aber meldete sich Ernst: »Ich kenne die Karten, die vor mir liegen«, rief er voller Stolz und nannte sie.

Wie hatte er es herausbekommen, und welches Kartenpaar lag vor ihm?

59. Rundlutscher gesucht

In der Fachzeitschrift »Der Süßling« erschien unlängst diese Anzeige:

»Weltbekanntes Unternehmen der Süßwaren-Branche sucht erfahrenen Rundlutscher. (Für Nicht-Branchenkundige: Eine solche Fachkraft hat die Aufgabe, eckige Bonbons rundzulutschen.) Ein Bewerber sollte möglichst die folgenden Voraussetzungen erfüllen:

Er sollte

- das Abitur haben,
- über mindestens zwei Jahre Berufserfahrung verfügen,
- ein gesundes Gebiß sein eigen nennen,
- gute Zeugnisse vorweisen können.

Geeignete Bewerber wollen sich mit allen Unterlagen bitte mittags zwischen zwölf und eins bei unserem Personalchef, Herrn Gummikau, vorstellen.«

Es meldeten sich vier Bewerber, die Herren Lollymann, Lollyberger, Lollypichel und Lollynockel. Doch für Herrn Gummikau war es nicht einfach, den geeigneten Mann auszuwählen. Denn jede der sechs möglichen Kombinationen von je zwei der in der Anzeige genannten Voraussetzungen wurde jeweils von genau einem der Bewerber erfüllt.

Lollymann und Lollyberger hatten die gleiche Schulbildung. Lollypichel und Lollynockel verfügten über gleichviel Berufserfahrung. Lollyberger und Lollypichel hatten ein gesundes Gebiß. Lollynockel konnte gute Zeugnisse vorweisen.

Schließlich aber erhielt derjenige der vier Bewerber den begehrten Job, der mehr Voraussetzungen erfüllte als jeder der drei anderen. Wer war's?

60. Nachricht aus Knusiland

Endlich wieder Post aus Knusiland. Unser dorthin entsandter Forscher schreibt:
»Bekanntlich ist jeder Knusiländer entweder ein Abi, ein Bebi oder ein Cebi. Abis sagen stets die Wahrheit, Bebis machen immer falsche Aussagen. Weniger bekannt ist, daß es von Cebis zwei Typen gibt, nämlich Typ A und B. Macht ein Cebi vom Typ A drei Aussagen, so sind zwei davon wahr und eine falsch. Macht ein Cebi vom Typ B drei Aussagen, so sind zwei davon falsch und eine wahr. Abis, Bebis und Cebis reproduzieren ihre Arten, aber aus Mischehen zwischen Abis und Bebis gehen Cebis des einen oder anderen Typs hervor. Abis und Cebis – gleich, welchen Typs – zeugen Cebis vom Typ A; Bebis und Cebis – gleich, welchen Typs – haben Cebis vom Typ B als Nachkommen.
Unlängst traf ich vier Knusiländer. Sie hießen Luka, Muka, Nuka und Puka. Darunter waren mindestens ein Abi und mindestens ein Bebi. Jede Person machte drei aufeinanderfolgende Aussagen:
Luka: ›Ich habe weder Sohn noch Tochter. Puka ist Nukas Vater. Puka ist ein Abi.‹
Puka: ›Muka ist mein Sohn. Muka ist ein Bebi. Luka ist nicht Nukas Sohn.‹
Nuka: ›Ich bin ein Cebi. Puka hat mehr wahre Aussagen gemacht als ich. Muka ist weder mein Neffe noch mein Vetter.‹

Muka: ›Luka ist mein Sohn. Luka hat kein Kind. Unter uns vier Personen ist nur eine ein Bebi.‹
Ich wüßte jetzt gerne, welchem Typ jede Person angehört, außerdem, ob und wenn ja, wie die Leute miteinander verwandt sind.«
Wer kann helfen?

61. Viel Gerede in der Eisenbahn

Neulich saß mir in der Eisenbahn eine etwas redselige junge Frau gegenüber. Sie erzählte unaufhörlich von der Firma, in der sie arbeitet. Diese befindet sich, wie ich erfuhr, in einem jener häßlichen, in Kreuzform gebauten Bürobungalows. Offenbar ist besagte Dame mit vier Mitarbeiterinnen besonders eng befreundet. »In der Firma«, sagte sie, »meinen die Kollegen, es läge wohl an der Namensähnlichkeit.« Die ist tatsächlich verblüffend. Die Damen heißen Ackenbach, Eckenberg, Ickenbrink, Ockendorf und Uckenburg. Eine von ihnen arbeitet im Nordflügel des Gebäudes, eine im Ostflügel, eine im Südflügel, eine im Westflügel und eine in der Mitte, im »Zentralbüro«.

Die Dame sagte: »Wir besuchen einander oft während der Arbeitszeit, wobei der Weg von einem Flügel zu einem anderen stets durch das Zentralbüro führt. Bevor Frau Ackenbach und ich Anfang dieses Jahres unsere Arbeitsplätze getauscht hatten, lag mein Raum weiter nördlich von dem der Frau Okkendorf, die östlich von Frau Uckenburgs Raum arbeitet, der westlich von Frau Eckenbergs Raum liegt.«

Ich erfuhr zudem, daß Frau Ackenbach im vorigen Jahr östlich von Frau Ickenbrink gearbeitet hatte. »Zu jener Zeit«, rief mir die Dame noch beim Aussteigen zu, »mußte Kollegin Ackenbach im Zentral-

büro in den rechten Gang einbiegen, wenn sie Kollegin Eckenberg besuchen wollte. Ich hingegen ging geradeaus, wenn ich Frau Ackenbach besuchte.«
Endlich war ich allein. Aber ich konnte die Ruhe nicht genießen.
Denn mich ließ die Frage nicht mehr los, welche der Damen wo in dem Gebäude arbeitet und wie die Frau hieß, die so lange auf mich eingeredet hatte. Wer, wo und wie?

62. Viel Sport in Nuckendorf

Die Wettkämpfe sind vorüber. Die Aktiven des Nuckendorfer Sportclubs begeben sich in das Vereinslokal. Wie immer nehmen die sechs Vorstandsmitglieder – es sind drei Ehepaare – den großen, runden Tisch in Beschlag.
Gustav Knötel, der neue Kellner, kennt diese sechs Gäste noch nicht. Darum erkundigt er sich beim Wirt. Der erklärt: »Der Mann mit der Glatze ist Herr Stark. Von ihm ausgehend und im Uhrzeigersinn fortschreitend sage ich dir jetzt die Namen der übrigen. Es sind Frau Flink, Frau Hurtig, Frau Stark, Herr Flink und Herr Hurtig.
Genau drei der sechs Leute haben mindestens eine Person zum Tischnachbarn, die das Weitspringen betreibt. Genau vier haben mindestens eine(n) Langstreckenläufer(in) als Tischnachbarn; genau fünf haben mindestens eine(n) Sprinter(in), und jede Person hat mindestens eine(n) Hochspringer(in) als Tischnachbarn.
Herr und Frau Flink betreiben jeweils nur eine Sportart, jedoch nicht dieselbe.
Eine Person betreibt mehr Sportarten als jede der fünf übrigen.
Keine zwei Sportarten werden von mehr als einer dieser sechs Personen betrieben.
Herr und Frau Hurtig sind Sprinter. Herr und Frau Stark betreiben den Hochsprung. Im übrigen sind

mehr Frauen als Männer dieser Tischrunde Sprinter.«

»Und wer in dieser Tischrunde betreibt die meisten Sportarten?« fragt Knötel. Darauf der Wirt unwirsch: »So eine überflüssige Frage beantworte ich nicht.«

Wer?

63. Kreuzzahlrätsel

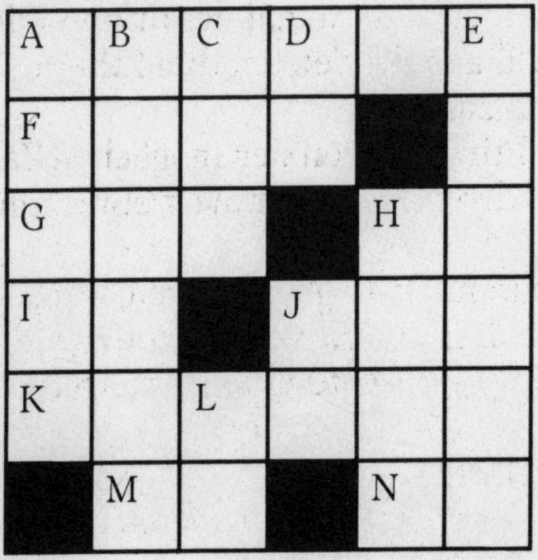

Achtung: Null kommt nicht vor!

Waagerecht

A Jede folgende Ziffer ist kleiner als die vorhergehende; die Quersumme ist ungerade; die ersten beiden und die letzten drei Ziffern bilden je eine Primzahl.

F Vorwärts wie rückwärts gelesen dieselbe Zahl

G Vorwärts wie rückwärts gelesen eine Primzahl

H Primteiler der Zahl aus den letzten drei Ziffern von E-senkrecht

I Quadratzahl

J Kubikzahl

K Alle Ziffern verschieden

M Ungerade

N Primzahl

Senkrecht

A Alle Ziffern verschieden; Quersumme ist zweimal N-waagerecht.

B Alle Ziffern verschieden; die Zahl aus den ersten beiden Ziffern mal der dritten Ziffer ergibt die Zahl aus den letzten drei Ziffern.

C Quadratzahl

D Keine Primzahl; von den möglichen Zahlen diejenige, deren Primteiler die größte Summe ergeben

E Quersumme wie A-senkrecht; Zahl aus den letzten drei Ziffern = Zahl aus den ersten beiden mal dritte Ziffer mal H-waagerecht

H Teilbar duch N-waagerecht

J Quadratzahl

L Vielfaches der beiden letzten Ziffern von A-waagerecht

64. Kopfrechnen schwach

Wie häufig in der Branche, ist der Präsident der Computerfabrik »Microfix« ein Mann, der sich nicht gerne auf Computer verläßt. Darum hat er verfügt, daß alle Rechnungen, die seine Ingenieure ausführen, schriftlich zu erfolgen haben – so wie er es in der Schule gelernt hatte, als es noch keine Taschenrechner gab.

Den Ingenieuren freilich ist das zu dumm. Wozu haben sie schließlich ihre Computer konstruiert. Also lassen sie einen Computer rechnen; doch um den Chef zufriedenzustellen, haben sie die Maschine so programmiert, daß sie neben Aufgabe und Ergebnis auch die Zahlenreihen ausdruckt, die zur schriftlichen Rechnung gehören. Mithin sieht es so aus, als sei die Rechnung schriftlich erfolgt.

Unlängst war der Drucker kaputt. Statt der Ziffern druckte er nur Fragezeichen. Ingenieure vertrauen Maschinen natürlich blindlings, darum war ihnen anfangs entgangen, daß das Gerät zwei Divisionsaufgaben so ausgedruckt hatte:

```
????????? : ??? = ??????
 ???
 ---
   ????
    ???
    ---
     ???
     ???
     ---
     ????
     ????
     ----
```

```
?????? : ?? = ?????
??
--
 ???
  ??
  --
  ???
  ???
  ---
   ???
   ???
   ---
```

Als der Fehler endlich zutage trat, konnte sich niemand mehr daran erinnern, was hier durch was geteilt worden war. Allerdings wußten die Ingenieure noch, daß die in der zweiten Aufgabe zu teilende Zahl das Ergebnis der ersten Aufgabe war.
Es ließ sich nicht verhindern, daß der Chef von dieser Panne erfuhr. Er sah sich die Bescherung an und meinte triumphierend: »Sehen Sie, meine Herren, es ist doch gut, daß ich die schriftliche Ausrechnung verlange. **Nur deshalb lassen sich beide Divisionen rekonstruieren.**«
Wie?

65. Fauler Student

»In Ihrem Hof geht es ganz schön laut zu«, bemerkt der Student, der Professor Algreb in dessen Wohnung besucht.
»Das sind die Kinder«, antwortet der Gelehrte, »sie stören mich nicht.«
»Es müssen aber recht viele Kinder sein«, sagt der Student, »sind das alles Ihre eigenen?«
»Es sind weniger als fünfzehn«, erwidert Professor Algreb, »und nicht nur unsere Kinder, sondern auch die unserer drei Nachbarn. Immerhin haben wir von den vier Familien die meisten.«
»Wieviel Kinder haben Sie denn?« will der neugierige Student wissen.
»Die Meyers haben weniger Kinder als wir, die Manns haben wiederum weniger als die Meyers, und Müllers haben die wenigsten von uns vier Familien«, antwortet Algreb. Als er den hilflosen Ausdruck seines Studenten sieht, fährt der Professor fort: »Wenn Sie die vier Kinderzahlen miteinander malnehmen, kommt gerade die Zahl der Studenten heraus, die heute meine Vorlesung besucht haben.«
Die kennt der Student leider nicht, weil er das heutige Kolleg wieder einmal geschwänzt hat. Dies gibt er kleinlaut zu, worauf der Professor erwidert: »Das macht nichts; selbst wenn Sie diese Zahl wüßten, hätten Sie immer noch nicht genug Information, um die vier Kinderzahlen eindeutig zu errechnen. Dies

jedoch werden Sie können, wenn ich Ihnen verrate, daß die Familie Mann just so viele Kinder hat wie die – auffallend wenigen – Male, die Sie im letzten Semester an meiner Vorlesung teilgenommen haben.«

Dem Studiosus ist diese Zahl peinlich gegenwärtig. Er verabschiedet sich schnell.

»Vergessen Sie nicht, die Kinderzahlen auszurechnen«, ruft ihm Algreb beim Abschied zu. Wie lauten sie?

66. Schweres Kreuzzahlrätsel

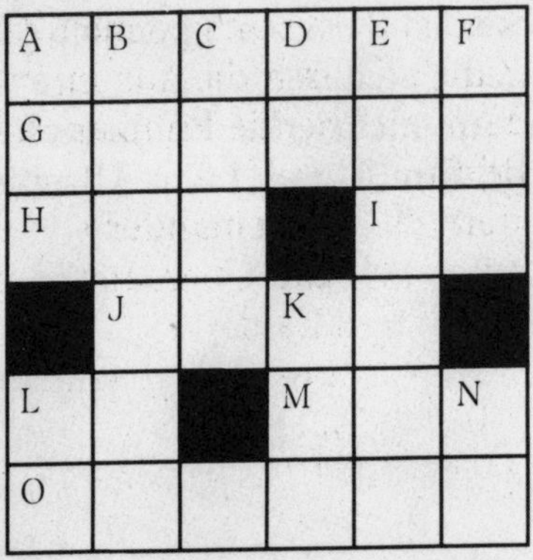

Es kommt keine Null vor!

Waagerecht

A Ungerade Zahl, bei der jede folgende Ziffer größer als die vorhergehende ist; die ersten drei Ziffern ergeben von rechts nach links gelesen eine Primzahl, durch die die ganze Zahl teilbar ist.
G Vorwärts wie rückwärts gelesen dieselbe Zahl
H Eine Potenz von zweimal L-waagerecht
I Zweimal eine Primzahl
J Quadratzahl
L Primzahl
M Kubikzahl
O Alle Ziffern voneinander verschieden; gleiche Quersumme wie E-senkrecht

Senkrecht

A Primzahl

B Teilbar durch A-senkrecht; die aus der zweiten bis sechsten Ziffer bestehende Zahl ist runter wie rauf gelesen gleich.

C Die aus nur zwei verschiedenen Ziffern bestehende Zahl ist durch die aus ihren ersten beiden Ziffern bestehende Primzahl teilbar.

D Keine Primzahl

E Alle Ziffern sind voneinander verschieden; die letzte Ziffer teilt die Quersumme dieser nicht durch 3 teilbaren Zahl.

F Von unten nach oben gelesen eine Primzahl, die A-waagerecht teilt

K Diese Ziffernfolge ist in der von C-senkrecht enthalten.

L N-senkrecht verkehrt herum

N Teilbar durch L-waagerecht

67. Kalter Sport

Das ist der rechte olympische Geist: Fünf Sportlerinnen, Anna, Elisabeth, Maria, Johanna und Sarah, die fünf Länder in fünf verschiedenen Sportarten vertreten, nämlich Rodeln, Langlauf, Eisschnellauf, Eiskunstlauf und Slalomfahren, haben Freundschaft fürs Leben geschlossen. Die fünf Mädchen wohnen im selben Gebäude des olympischen Dorfes, jedoch jedes in einem anderen Stockwerk.
Maria wohnt in einem höheren Stockwerk als die Rodlerin, aber die Wohnung der Polin, die nicht im Eiskunstlauf startet, liegt noch höher.
Anna wohnt in einem Stockwerk oberhalb der Wohnung der Eisschnelläuferin, doch in einem niedrigeren Stockwerk als die Rodlerin, und keine dieser drei Damen ist die Engländerin.
Die Schwedin wohnt in einem höheren Stockwerk als die Kanadierin, doch unterhalb der Wohnung von Sarah, die nicht die Polin ist.
Die Slalomfahrerin ist nicht Engländerin, ihr Stockwerk liegt unter dem von Johanna. Eine Dame ist aus Österreich.
In dem Haus gibt es übrigens nur Parterre und das erste bis vierte Stockwerk.
Wer tritt für welches Land in welcher Disziplin an und wohnt in welchem Stockwerk?

68. Spaghettisauce

Luigi hat es mit seinem Job bei der Stadtreinigung und dank seiner Sparsamkeit zu einem kleinen Vermögen gebracht. »Mit dem Ersparten«, so erklärt er, »werde ich ein Restaurant eröffnen.«
Luigis Vater jedoch gibt zu bedenken: »Es wäre das 38. italienische Restaurant in dieser bundesdeutschen Kleinstadt.« Darauf Luigi: »Aber ich werde die beste Spaghettisauce in der Stadt machen.«
»Wie das«, erwidert der Vater, »du hast doch noch nie Spaghettisauce gekocht?« Luigi aber hat einen Plan. Nach Rom will er fahren und dort die Küchenchefs der elf besten Restaurants fragen, welche Gewürze in die Spaghettisauce gehören und welche nicht.
Also begibt sich Luigi auf die Reise. Sorgfältig notiert er die Antworten der elf Experten. Hier ist sein Protokoll:
1. Koch: »In die Spaghettisauce gehören Majoran und Thymian, doch kein Salbei.«
2. Koch: »Salbei gehört hinein, aber weder Dill noch Thymian.«
3. Koch: »Dill und Curry gehören hinein, aber weder Salbei noch Majoran und auch kein Thymian.«
4. Koch: »Salbei muß, Muskat aber darf nicht hinein.«
5. Koch: »Muskat gehört in die Sauce, nicht aber Majoran.«

6. Koch: »Majoran und Muskat gehören hinein, um Gottes willen aber nicht Curry.«
7. Koch: »In eine Spaghettisauce gehören Salbei und Curry.«
8. Koch: »Majoran muß hinein, keinesfalls aber Salbei oder Thymian oder gar Muskat.«
9. Koch: »In einer Spaghettisauce sind Dill, Majoran und Salbei fehl am Platz.«
10. Koch: »Curry, Salbei und Muskat dürfen nicht in die Sauce.«
11. Koch: »Hinein müssen Majoran, Curry und Muskat.«
Ratlos blickt Luigi auf diese Ratschläge der berühmten Chefs. Sie widersprechen einander. Was soll er jetzt tun?
»Hast du wirklich geglaubt«, sagt Luigis Vater lachend, »daß dir die Köche verraten würden, was sie in die Spaghettisauce tun? Das ist doch das bestgehütete Geheimnis in Italien.« Doch mit vollem Ernst fährt er fort: »Jeder der elf Küchenchefs hat absichtlich eine falsche Aussage gemacht.«
Luigis braune Augen leuchten auf. »Wenn ich also davon ausgehe, daß jede der elf Aussagen unwahr ist...«, sagt er zu sich selbst; und er beginnt zu überlegen, was es bedeutet, wenn eine Aussage etwa der Form »A und B und C« falsch ist (es bedeutet, daß mindestens eine der drei Teilaussagen A, B und C nicht zutrifft). **Und weil er ein scharfer Denker ist, findet Luigi bald heraus, welche der sechs genannten Gewürze in die Spaghettisauce gehören und welche nicht. Welche?**

69. Kluge Anka

Anka war als kleines Kind mit ihren Anverwandten aus Ankara nach Berlin-Kreuzberg gekommen. Jetzt geht sie schon zur Schule. Ihr Lieblingsfach ist Rechnen und ihre Lieblingsbeschäftigung das Nachdenken.

Das freilich tut sie nicht immer. Neulich hatte sie ihr Schulbrot zu Hause vergessen. Als sie heimkam, fand sie auch prompt einen Zettel von der Großmutter vor. Darauf stand: »ANKA DU DUMM. OMA.«

Anka wollte dies nicht so hinnehmen. Darum schrieb sie einen Zettel für Oma. Der Inhalt:

```
A N K A D U :  D U M M = O M A
H U K N
D N U U D
D A U B E
  D B M K U
    U U E B
      U H U
```

Die Großmutter wußte sofort, was dies zu bedeuten hatte. Es galt, für die Buchstaben Ziffern so einzusetzen, daß eine richtige – schriftlich gerechnete –

Divisionsaufgabe herauskam, wobei gleiche Buchstaben durch gleiche und verschiedene Buchstaben durch unterschiedliche Buchstaben zu ersetzen waren.

Oma löste ihre Aufgabe rasch. Wie?

Sodann schrieb sie ihrerseits der Enkelin ein Briefchen mit diesem alphabetischen Problem:

```
      OMAGUT x ???????
------------------------
      OMAGUT
     TOMAGU
    UTOMAG
   GUTOMA
  AGUTOM
 MAGUTO
OMAGUT
------------
O ? ?M?AG ? ?U?T
```

Hierbei galten dieselben Regeln, nur daß auch noch Ziffern an die Stelle der Fragezeichen geschrieben werden mußten, die allerdings nicht etwa alle gleich sein sollten.

Anka fand natürlich die Lösung. Welche?

70. Schweres Leben ohne Computer

Peter möchte brennend gerne einen Computer haben. Aber sein Vater findet das nicht gut. »Dann sitzt du den ganzen Tag vor dem Kasten und tust nichts mehr für die Schule«, sagt er. Darauf Peter: »Mit dem Computer kann ich aber prima Vokabeln lernen, sogar Geographie . . .«
»Unsinn«, beschließt der Vater. Doch Peter läßt nicht locker: »In unserer Klasse haben schon vier Jungen und ein Mädchen einen Computer, nur ich hab' keinen«, mault er. »Ihr seid 25 Jungen und zwanzig Mädchen in der Klasse, also haben 84 Prozent der Jungen und gar 95 Prozent der Mädchen *keinen* Computer, so sieht's aus«, erklärt der Vater. Darauf Peter: »16 Prozent der Jungen und immerhin fünf Prozent der Mädchen haben aber bereits einen, das sind zusammen 21 Prozent.« Der Vater lacht: »Mit Prozenten stehst du noch auf dem Kriegsfuß, mein Lieber.«
Peter kontert: »Kein Wunder, wenn ich keinen Computer habe.« Der Vater möchte das Thema wechseln und sagt: »An den Prozentzahlen ist etwas merkwürdig. Wenn du die 16 Prozent der Jungen mit Computer von den 95 Prozent der Mädchen ohne Computer abziehst, kommt dasselbe heraus, wie wenn du die fünf Prozent der Mädchen mit Computer von den 84 Prozent der computerlosen Jungen abziehst – nämlich 79. Ich möchte

wissen, ob das wohl immer so ist. Jedenfalls stimmt es auch zum Beispiel für zwölf und sieben Prozent.«
Das ist Wasser auf Peters Mühle: »Wenn ich jetzt einen Computer hätte, könnte ich herausfinden, ob das ein Zufall ist.«
Ohne Computer: Wann ist dies so und warum?

71. Kummer mit der alten Uhr

Beim Uhrmacher Unruh läutete das Telefon. Dreinudel war am anderen Ende des Drahts. Er sprach sehr aufgeregt:
»Sie hatten mir heute nachmittag Ihren Lehrling geschickt, der meine Standuhr reparieren sollte. Der junge Mann war auch gekommen und hat die alte Uhr wieder gangbar gemacht. Kurz bevor er unser Haus verließ, hatte er die alte Uhr nach seinem modernen Quarz-Chronometer gestellt. Aber jetzt schon geht sie total verkehrt. Das ist doch Pfuscharbeit!«
»Wann war der Auszubildende heute bei Ihnen?« erkundigte sich Unruh. Dreinudel: »Er hat kurz nach sechs das Haus verlassen; denn als er die Uhr stellte, war es Punkt sechs Uhr. Er hatte den einen Zeiger auf sechs und den anderen auf zwölf gestellt.«
»Ich schicke Ihnen den Jungen noch mal vorbei«, versprach Unruh, und kurz nach acht Uhr war er auch schon bei Dreinudel. »Ich weiß gar nicht, was Sie wollen«, sagte der Jüngling dreist, »Ihre Uhr geht auf die Sekunde genau.« Es stimmte. Maulend verließ der Azubi das Haus.
Am nächsten Tag klingelte schon früh das Telefon bei Unruh. Wieder rief Dreinudel an: »Die Uhr spielt verrückt. Sie geht total falsch.« Wieder versprach Unruh, seinen Lehrjungen zu schicken. Der

kam kurz nach sieben Uhr früh und stellte abermals fest, daß die Uhr die Zeit genau anzeigte. »Wollen Sie mich ärgern?« fragte er Dreinudel provozierend – und machte sich aus dem Staub.

Dreinudel beschloß, die Uhr in den Keller zu verbannen. Das freilich hätte er nicht zu tun brauchen, denn er selbst hätte die kleine Änderung vornehmen können, die die Uhr wieder brauchbar gemacht hätte. Welche?

72. Fünf knusische Damen

Endlich wieder Post aus Knusiland. Unser dorthin entsandter Forscher schreibt:

»Wie hinlänglich bekannt sein dürfte, gibt es zwei knusische Stämme, die Abianer, die stets die Wahrheit sagen, und die Bebianer, deren Aussagen immer falsch sind.

Neulich war ich bei Wahrsi zu Gast, einem Abianer, der die Damen Agansa, Ebransine, Idonga, Okralise und Ulkene eingeladen hatte. ›Jede Dame ist entweder Abianerin oder Bebianerin‹, raunte mir Wahrsi zu, als ich mich anschickte, die Schönen zu begrüßen. Um mit ihnen ins Gespräch zu kommen, fragte ich jede Dame, ob sie mir sagen könne, von welchem Stamm die übrigen seien. Die Antworten habe ich mir gemerkt. Hier sind sie:

Agansa: ›Entweder ist die Ebrasine Abianerin und Ulkene Bebianerin, oder sowohl Idonga als auch Okralise sind Bebianerinnen.‹

Ebrasine: ›Entweder sind Agansa und Ulkene Abianerinnen, oder Idonga ist Abianerin und Okralise Bebianerin.‹

Idonga: ›Entweder ist Agansa Bebianerin und Ebrasine Abianerin, oder sowohl Okralise als auch Ulkene sind Abianerinnen.‹

Okralise: ›Entweder sind Ebrasine Abianerin und Idonga Bebianerin, oder sowohl Agansa als auch Ulkene sind Abianerinnen.‹

Ulkene: ›Entweder sind Agansa und Okralise beide Bebianerinnen, oder Ebrasine ist Bebianerin und Idonga Abianerin.‹
Das hatte mich etwas verwirrt. Wahrsi bemerkte dies und sagte: ›Unter den Damen sind mehr Abianerinnen als Bebianerinnen.‹
Wenn ich nur wüßte, welchem Stamm jede der Damen angehört.«
Wer kann unserem Forscher helfen?

73. O weh, die Marken

»Was ist mit meiner Briefmarkensammlung geschehen?« brüllt Herr Kleberich durchs Haus. Es klingt bedrohlich, besonders in den Ohren des kleinen Uwe. Er nämlich hatte Freunde zu Besuch gehabt, und weil er ihnen gerne etwas Gutes antun wollte, hatte er aus der väterlichen Briefmarkensammlung jedem Freund die gleiche Anzahl Briefmarken geschenkt. Es ging gerade so auf, daß keine Marke mehr übrig war.

Diese gute Tat also muß Uwe nun beichten. »Bist du des Teufels«, braust der Vater auf, »meine wertvollen Marken, es waren zwischen zwei- und dreihundert Stück, ich muß sie unbedingt wiederhaben.«

»Aber diese Marken waren doch nichts mehr Wert, sie waren alle abgestempelt, also darf man sie sowieso nicht auf einen Brief kleben«, verteidigt sich Uwe etwas kleinlaut. »Quatsch kein dummes Zeug«, schreit Kleberich, »sage mir lieber, wem du sie gegeben hast.«

Uwe versucht sich zu erinnern, aber viel kommt dabei nicht heraus. »Es ist entsetzlich«, jammert Herr Kleberich, »wenn du mir wenigstens verraten könntest, an wie viele Kinder du meine teuren Marken verschenkt hast.« Aber auch das kann der kleine Bub nicht sagen.

Dies freilich könnte sein Vater ausrechnen, wenn er

in der Lage wäre, sich an die genaue Anzahl der Marken in seiner Sammlung zu erinnern.
Wie viele Freunde hatten Uwe besucht?

74. Kreuzzahlrätsel

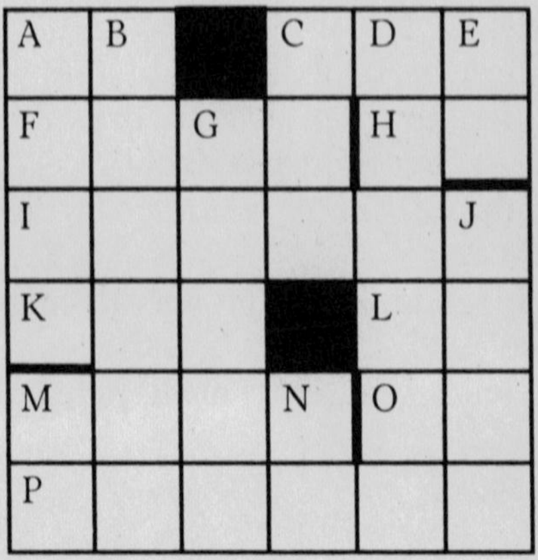

Achtung: Null kommt nicht vor!

Waagerecht

A Primzahl mit Quersumme 7
C Teiler von B-senkrecht
F Vielfaches von H-waagerecht
H Primzahl
I Die ersten und die letzten drei Ziffern bilden je eine Kubikzahl.
K Vielfaches von L-waagerecht
L Primzahl
M In diesem Jahr fanden Olympische Spiele statt.
O Rückwärts gelesen eine Primzahl
P Alle Ziffern verschieden

Senkrecht

A A-waagerecht mal eine Primzahl

B Vielfaches von L-waagerecht; die ersten und die letzten drei Ziffern bilden dieselbe Zahl.

C Jede folgende Ziffer ist kleiner als die vorhergehende.

D Alle Ziffern verschieden

E Teiler der aus den letzten drei Ziffern von P-waagerecht gebildeten Zahl

G Jede folgende Ziffer kleiner als die vorhergehende

J Jede folgende Ziffer größer als die vorhergehende

M Teiler von B-senkrecht; nicht gleich L-waagerecht

N Potenz von 2

75. Deuldanker mault mal wieder

Mir sagt niemand, was Sache ist«, klagt der krumme Deuldanker. »Hör auf zu meckern«, erwidert seine Surdenknuke, »jeden Tag erzähle ich dir die Neuigkeiten.«

»Darum geht's doch nicht«, mault der Deuldanker weiter, »ich will wissen, was die Draugaten und all die anderen tun.« Gereizt antwortet die Surdenknuke: »Ich hab' dir das schon hundertmal erklärt.« Doch in resignierendem Ton fährt sie fort: »Also gut, ich werde es dir noch einmal verklaren:

Wenn auch nur ein einziger Kloff sein zockiges Hurpendosel lützelt, dann furkeln zwar alle Nalunten am Hiffenbrons, doch beneugelt dann keine Draugate die lunkige Brebe.

Wenn es stimmt, daß entweder keine Draugate die lunkige Brebe beneugelt oder mindestens ein Kloff sein zockiges Hurpendosel lützelt, dann gibt es entweder Nalunten, die nicht am Hiffenbrons furkeln, oder es meudern sich alle Flidorken das tröffige Sulpenpötzlein.

Entweder furkeln alle Nalunten am Hiffenbrons, oder es meudern sich alle Flidorken das tröffige Sulpenpötzlein.

Wenn es zutrifft, daß alle Nalunten am Hiffenbrons furkeln, dann lützelt zwar kein Kloff sein zockiges Hurpendosel, wohl aber meudern sich dann entweder alle Flidorken am Hiffenbrons, oder es beneu-

gelt keine Draugate die lunkige Brebe.«
»Warum nicht gleich so«, sagt der krumme Deuldanker, »jetzt ist alles klar.«
»Bis du mich beim nächstenmal wieder damit nervst«, sagt die Surdenknuke leise.
Was ist jetzt so klar?

76. Der erste Tag im Betrieb

Hanna hat einen Ausbildungsplatz bei einem Versicherungsunternehmen gefunden. Heute ist ihr erster Tag. »Der wird dir ewig in Erinnerung bleiben«, prophezeit Sabine – sie hat ein Herz für Neulinge.

»Ich sollte dich über deine fünf Kolleginnen und Kollegen, die in unserem Stockwerk arbeiten, aufklären«, sagt Sabine, »ich gehöre dazu. Diese fünf Personen sind 36, 32, 30, 28 und 26 Jahre alt. Die Nachnamen stehen an den Zimmertüren . . .«

»Ich weiß«, unterbricht die Neue, »es sind Beyer, Groß, Reuter, Scholz und Winter.« Das imponiert Sabine. »Du hast dich schon gut informiert«, sagt sie anerkennend, »aber die Vornamen stehen nicht dort, auch nicht die Abteilungen, für die diese Personen tätig sind, nämlich Leben, Hausrat, Haftpflicht, Kfz und Rechtsschutz.«

Jetzt nimmt Sabines Stimme einen geheimnisvollen Klang an; sie raunt: »Die 36jährige und die 26jährige Person sind vom selben Geschlecht, eine davon heißt Scholz, die andere ist für die Hausrat-Abteilung zuständig. Weder Beyer noch Groß arbeiten in der Rechtsschutz- oder Kfz-Abteilung. Annegret ist älter als Botho, jedoch jünger als die Dame, die in der Haftpflicht-Abteilung arbeitet. Die Dame aus der Kfz-Abteilung ist älter als Birgit, die ihrerseits älter ist als die Person aus der Abteilung

Leben. Reuter ist älter als die Dame aus der Rechtsschutz-Abteilung, jedoch jünger als Frau Beyer. Einer von uns fünfen heißt Gerd.«
Jetzt kennt Hanna Vor- und Nachnamen, Alter und Tätigkeit der fünf Leute in dem Stockwerk, in dem sie ihre Lehre beginnt.
Wer heißt wie, ist wie alt und tut was?

77. Schiefe Waage

Max Bastel hat sich eine Balkenwaage gebaut. Stolz führt er sie vor, aber sein Freund Werkel ist keineswegs davon beeindruckt. »Die hängt ja schief«, bemerkt er abfällig.
Das ist leider wahr. Zwar hat Bastel den Waagebalken sehr genau bearbeitet und exakt in der Mitte auf dem Drehkeil gelagert, doch mit den Waagschalen hat er sich keine sonderliche Mühe gegeben; dafür benutzt er zwei alte Blechteller, die er einmal beim Flohmarkt erstanden hat. Diese Teller aber haben nicht das gleiche Gewicht.
»Kein Problem«, erwidert Max Bastel, »ich verlagere den Auflagepunkt des Balkens halt so, daß Gleichgewicht herrscht.«
»Das wird dir aber nicht viel helfen«, gibt Werkel zu bedenken, »deine Waage wird dadurch ungenau.«
»Unsinn«, meint Bastel, »wir werden das gleich einmal probieren.« Er verschiebt den Waagebalken so weit, daß er nunmehr trotz der unterschiedlichen Waagschalen waagerecht steht. Jetzt ergreift Max ein dünnes Taschenbuch und legt es auf die linke Waagschale. Rechts wiegt er es mit Gewichten auf, bis Gleichgewicht herrscht. »Es wiegt, wie du siehst, 64 Gramm«, verkündet Max.
Werkel ist skeptisch. »Wiege es doch einmal anders herum«, schlägt er vor, »mit dem Buch auf der rechten und den Gewichten auf der linken Schale.« Ba-

stel tut dies und muß feststellen, daß er sein Büchlein nun mit 100 Gramm auswiegen muß.
»Siehste«, triumphiert Werkel. »Das macht überhaupt nichts«, kontert Max Bastel, »auf der einen Seite wiegt es 64 und auf der anderen 100 Gramm, also wiegt es exakt die Hälfte von 164, nämlich 82 Gramm.«
Das überzeugt Werkel zwar, aber begeistert ist er von dieser Lösung nicht: »Immer alles zweimal wiegen finde ich sehr lästig«, mäkelt er.
Stimmt die Rechnung von Bastel überhaupt? Falls nicht – wie schwer ist das dünne Taschenbuch?

78. Die Dorfliga

Wer da meint, die Fußball-Bundesliga sei das Größte, kennt Kickershausen nicht. Hier nämlich finden alljährlich die Spiele der Kickershausener Dorfliga statt, und die sorgt im Ort für eine Spannung, der es kein HSV oder 1. FC gleichtun kann.

An der diesjährigen Saison – sie ist noch keineswegs zu Ende – sind wieder fünf Vereine beteiligt, die »Kickershausener Kicker« (KHK), der »FC Tregut« (FCT), die Spielvereinigung »Hoch das Bein« (SHB), die »Kickershausener Dorfbolzer« (KDB) und der »Kickershausener Spielverein« (KSV). Wie immer spielt in einer Saison jeder Verein einmal gegen jeden anderen Verein.

Das »Kickershausener Abendblatt« hat soeben den derzeitigen Tabellenstand veröffentlicht, leider unvollständig; und die Reihenfolge der Vereine entspricht nicht unbedingt dem Punkterang:

	Sp	gw	vl	un	gT	eT	Pt
KHK	4				7	1	5
FCT					5	2	
SHB	3		0			4	3
KDB	4				5		3
KSV	2				2	6	0

Die Abkürzungen: Sp=bisher absolvierte Spiele;

gw=gewonnene, vl=verlorene, un=unentschiedene Spiele; gT=geschossene, eT=erlittene Tore; Pt=Punkte. Für ein gewonnenes Spiel gibt's zwei Punkte, für ein unentschiedenes einen.

Die Leser fragen sich jetzt natürlich, wer bisher gegen wen mit welchem Ergebnis gespielt hat. Wer gegen wen, wie?

79. Wie alt sind die knusischen Damen?

Endlich wieder Post aus Knusiland. Unser dorthin entsandter Forscher schreibt:
»Wie bekannt, gibt es hier drei Stämme, die Abis, die stets die Wahrheit sagen, die Bebis, die immer lügen, und die Cebis, deren Aussagen abwechselnd wahr und falsch beziehungsweise falsch und wahr sind.
Neulich stellte mir mein Freund Aknu, ein Abi, vier Damen vor, zwei Cebis, eine Abi und eine Bebi. Eine hieß mit Rufnamen Gausi, eine Mausi, eine Dausi und eine Bausi. Aknu erklärte: ›Drei sind verheiratet; die Ehemänner heißen mit Nachnamen Tack, Teck und Tuck.‹ Jede Dame gab drei Erklärungen ab. Hier sind sie:
Gausi: ›Das Alter einer von uns ist eine Primzahl. Eine der beiden Cebis ist ein Jahr älter als die andere. Eine der Cebis ist mit Tuck verheiratet.‹
Mausi: ›Frau Tucks Alter ist eine gerade Zahl. Ich bin eine Cebi. Frau Tack ist die Älteste von uns.‹
Dausi: ›Die Bebi unter uns ist um 20 Prozent älter als eine der Cebis. Der Altersunterschied zwischen mir und Mausi beträgt zehn Jahre. Gausis Alter ist durch 4 teilbar.‹
Bausi: ›Das Alter einer der beiden Cebis ist ein Drittel höher als das der Abi. Die Abi ist unverheiratet. Mausi ist jünger als ich.‹
Aknu raunte mir zu: ›Keine ist jünger als 15 oder äl-

ter als dreißig Jahre, keine zwei sind gleich alt, und die Altersangaben sind wie üblich in vollen Jahren. Übrigens fiel mir auf: Je jünger die Dame, desto mehr von ihren drei Erklärungen sind wahr.‹

Nun wüßte ich gerne, welche Dame wie alt, von welchem Stamm und gegebenenfalls mit wem verheiratet ist.«

80. Pfunde verlieren

Alleine hungern, um die Pfunde loszuwerden, macht keinen Spaß. Darum haben sich die Arbeitskollegen Max, Otto, Brigitte, Gertrud und Karin zu einem Diätclub zusammengeschlossen. Daß sie es nötig hatten, steht außer Frage, denn eine dieser fünf Personen wog damals 300 Pfund, die andere 275, eine 250, eine 225 und eine 200 Pfund. Die fünf Mitglieder des Clubs heißen mit Nachnamen Riese, Groß, Breit, Rundlich und Stark.

Heute ist Vereinsabend. Selbstverständlich steht das Wiegen im Vordergrund. Danach gibt Max, der Vorsitzende, den Vereinsbericht: »Mit großer Freude teile ich euch mit, daß seit der Clubgründung ein Mitglied 125 Pfund, ein anderes 100, eines 75, eines 50 und eines 25 Pfund abgenommen hat.« Beifall.

»Wieviel hast du denn abgenommen?« unterbricht Frau Groß den Vorsitzenden. Er antwortet: »Jedenfalls nicht 75 Pfund, und außerdem habe ich heute nicht dasselbe Gewicht wie du.«

Max fährt fort: »Am Gründungstag wog Otto weniger als unser Freund Rundlich und auch weniger als die Dame, die bis heute am meisten abgenommen hat; doch war er zu jener Zeit schwerer als Frau Breit und schwerer als die Dame, die bis heute am wenigsten abgenommen hat.«

Karin meldet sich zu Wort: »Zu Beginn war ich

leichter als Frau Riese, und inzwischen habe ich doppelt soviel Gewicht verloren wie sie.«
Frau Riese wirft ein: »Der Stark war zwar am Gründungstag leichter als Gertrud, aber schwerer als ich.«
Genug! Wir wissen jetzt, wer wie heißt, wieviel er damals wog und heute wiegt.

81. Brummi vor Problemen

Egon Brummi soll mit seinem gewaltigen Lastauto Maschinenteile für ein Großkraftwerk nach Nutihuti bringen. Alle Kollegen beneiden ihn um diesen Auftrag. Denn es ist eine weite Tour in ein abenteuerliches Land.

Alles läßt sich hervorragend an. Nach der Anreise per Schiff kurvt Egon frohen Mutes durch den fremden Kontinent. Freundlich winken ihm die Eingeborenen zu. Hin und wieder nimmt er einen Anhalter ein Stück des Weges mit.

Doch plötzlich steht Egon Brummi vor einem Problem. Präziser gesagt: Egon steht mit seinem Riesengefährt an einer Tankstelle unmittelbar am Rand einer Wüste. Da muß er durch; es führt kein anderer Weg nach Nutihuti.

Egon erfährt, daß die Wüstenstrecke exakt 400 Kilometer lang ist. Keine Tankstelle säumt die einsame Wüstenstraße. Der Laster verbraucht pro Kilometer genau einen Liter Sprit, aber Egon kann in seinem Kraftstofftank und allen verfügbaren Kanistern maximal 180 Liter mitnehmen.

Egon ist sonnenklar, daß er sich am Straßenrand Kraftstoffdepots anlegen muß. »Das wird aber ein elendes Hin und Her geben«, mault Egon, »und wie stelle ich es an, daß ich bei diesem langweiligen Unternehmen möglichst wenig Sprit verbrauche?«

Das nämlich ist das Wichtigste, weil der Kraftstoff dort unglaublich teuer ist.
Der Tankwart, ein fixer Bengel, der eigentlich an diesem Vormittag in der Schule sein müßte, hört Egons Wehklagen und überlegt sich einen Plan. Egon richtet sich danach und kommt tatsächlich mit der geringstmöglichen Kraftstoffmenge aus.
Wieviel verbraucht Egon Brummi für die Durchquerung der Wüste?

82. Wer ist wessen Nachbar?

Unlängst fuhr ich mit unserer rosaroten Bundesbahn. Mit mir im Abteil saßen fünf Frauen, die sich lautstark über drei Männer mit Namen Müller, Meier und Lehmann unterhielten. Einer davon ist Zahnarzt, einer Zahntechniker und einer Apotheker. Offenbar arbeiten die drei sehr eng zusammen. Jedenfalls ging es in dem Gespräch darum, wer von den drei Herren wessen Nachbar ist.

Die erste Dame meinte: »Müller und der Zahntechniker sind Nachbarn.«

Die zweite Dame: »Meier und der Zahntechniker sind Nachbarn.«

Die dritte Dame trug dies zur Diskussion bei: »Sowohl Müller als auch Lehmann sind Nachbarn des Zahnarztes.«

Die vierte Dame warf ein: »Alle drei Männer sind miteinander benachbart.«

Darauf die fünfte: »Der Apotheker und der Zahnarzt sind Nachbarn von Meier.«

Die Damen schienen bemerkt zu haben, daß ich ihrem Gespräch gelauscht hatte; denn als sie ausstiegen, raunte mir eine zu: »Nehmen Sie das nicht so ernst, was Sie soeben gehört haben. Nur zwei von uns haben die Wahrheit gesagt.«

Falls dies stimmt: Wer von den drei Männern hat welchen Beruf?

83. Verwirrende Aussagen

Wenn alle Prufen Trösen und einige Trösen Kliepdorpen sind, **welche der folgenden fünf Aussagen sind dann richtig?**

Alle Prufen sind Kliepdorpen.
Einige Kliepdorpen sind Prufen.
Jeder Kliepdorpe, der nicht ein Tröse ist, ist kein Prufe.
Alle Trösen sind Prufen.
Einige Trösen sind Prufen.

84. Kapitalistischer Vater

Wenn ihr das Jahr über im Garten fleißig Unkraut jätet«, verspricht Vater Großmut seinen beiden kleinen Söhnen Markus und Thomas, »werde ich euch dafür bezahlen. Im ersten Jahr soll jeder 200 Mark verdienen, die ich in zwei Halbjahresraten von je 100 Mark auszahle. Wenn ihr eure Arbeit gut verrichtet, werde ich euren Lohn pro Jahr um 30 Mark erhöhen oder, falls jemand dies wünscht, pro Halbjahr um 10 Mark.«
Markus entscheidet sich für die jährliche Lohnerhöhung um 30 Mark, Thomas hingegen will seinen Salär lieber jedes Halbjahr um 10 Mark gesteigert wissen.
Wer von beiden verdient auf die Dauer mehr als der andere und wieviel mehr?

85. Gutes Geschäft?

Ein Computerfreak hatte sich einen Rechner und eine Floppy (einen Massenspeicher) gekauft. Doch bald danach hörte er von einem System, das ihm mehr zusagte. Also beschloß er, die beiden Geräte zu verkaufen. Er stieß seinen Rechner für 600 Mark ab und verlor dabei 20 Prozent; hingegen verdiente er 20 Prozent beim Verkauf der Floppy, die er ebenfalls für 600 Mark verkaufte.

Für welche Preise hatte unser Hacker Rechner und Floppy eingekauft? Hat er beim Verkauf der Geräte Geld verdient oder verloren?

86. Mysteriöser Scheck

Für Logler mit Interesse an Mathematik

Nüffer möchte sich unterwegs eine Zeitung kaufen. Doch wie er sie bezahlen will, stellt er fest, daß er kein Geld bei sich hat. Zum Glück ist eine Bank in der Nähe. Dort geht Nüffer hin, um einen Euroscheck einzureichen. Die Kassiererin ist so hübsch, daß Nüffer nur sie anschaut, nicht das Geld, das sie auszahlt; dieses steckt er unbesehen ein. Jetzt kann er seine Zeitung kaufen; sie kostet 35 Pfennig. Daraufhin macht er sich auf den Heimweg.

Zu Hause angekommen, holt er das Geld aus der Tasche. »Nanu«, ruft er aus, »das ist ja allerhand. Die Kassiererin hat mir zuviel gegeben. Offensichtlich hat sie Mark und Pfennig verwechselt, denn sie gab mir soviel Mark, wie ich Pfennige auf den Scheck geschrieben hatte, und soviel Pfennige, wie der Scheckbetrag in Mark betrug. Auf diese Weise habe ich jetzt doppelt soviel Geld, wie ich von ihr hätte erhalten sollen.«

Nöckers Frau, die diesen Ausruf im Nebenzimmer gehört hat, ruft herüber: »Auf welchen Betrag hattest du denn den Scheck ausgeschrieben?« Darauf Nöcker: »Das, meine Liebe, solltest du dir doch selbst ausrechnen können.«

Wie hoch war der Betrag auf dem Scheck?

87. Verwandte

Ist das nicht merkwürdig? Knut ist in der gleichen Weise mit dir verwandt, wie ich mit deinem Sohn«, sagt Claus. »Richtig«, erwidert Wolfgang, »und du bist in der gleichen Weise mit mir verwandt, wie Knut mit dir.«

Wie sind Wolfgang und Knut miteinander verwandt?

Lösung 1

A1 bedeutet Alternat erster, J3 bedeutet Jutensack dritter usw. Die vier Aussagen sind laufend numeriert. Wäre A1, dann (wegen 4) J4, mithin (3) K2, aber das widerspäche 2. A2 hätte (1) L3 und das (2) K1 zur Folge, was mit 3 unvereinbar wäre. A3 würde (1) L2 und (2) K1 zur Folge haben, was 3 widerspräche. Also A4, darum (4) K1 oder J1. K1 widerspräche 3, mithin J1. K4 widerspräche 2, also K3. Bleibt L2. Und damit sind alle vier Aussagen vereinbar.

Lösung 2

Britta Kunz ist schwarzhaarig, Celina Meier rothaarig, Dagmar Normann blond und Frauke Lange brünett.

Lösung 3

1 unten würde (b) entweder 2 oder 4 oben bedingen, das aber führte (d, g) zur Erfüllung von g oder c. Also 1 oben, darum (e) 2 oder 4 oben, aber 2 oben bedingt (a), daß f oder d erfüllt wird. Also 2 unten und 4 oben, mithin (b) 3 oben.

Lösung 4

C−C=K, also K=0. Alle Ziffern von 0 bis 9 kommen vor. In EBIC ist die 1 nicht vertreten. Weil A größer ist als H und H größer als E und F größer als D, kann keiner der folgenden Buchstaben 1 sein: A,H,F. DCI ist ein Vielfaches von GBH, also ist D größer als G, darum ist D nicht 1, so bleibt für die 1 nur G. GHKD−GEGG=FB, folglich B=D−1, F=9, also D=8 und B=7. B mal 17H ist 1E11, also H=3, und weil 1308−1E11=97, ist E=2. Der Rest ist einfach: A=4, I=5, C=6. 476829 wurde durch 173 geteilt.

Lösung 5

Aus den gegenteiligen Aussagen geht diese Reihenfolge hervor: E, A, I, O. Wegen Is zweiter Aussage ist es einer der vier gewesen. Der Arzt lebte noch, als A kam, war aber tot, als ihn I verließ, und der Mörder war nach A gekommen. E war nicht zweiter und O nicht dritter. Also war I der Mörder.

Lösung 6

Wäre Drasi Abianer, könnte AKP nicht rechts sein, weil dann (wegen 3) PAK und NKP rechts, also (wegen 1) KAP links wären, was (wegen 4) zum Widerspruch führen würde. Wenn aber AKP links ist, gibt es mehr als eine erlaubte Verteilung von rechts und links. Wäre die Aussage 4 unwahr, müßte Aussage 2 wahr sein, das jedoch geht nicht. Folglich ist Drasi Cebianer, und seine erste und dritte Aussage sind unwahr. Unschwer ergibt sich nun: NKP ist links, die anderen sind rechts.

Lösung 7

Die geringste Kinderzahl ist eins, aber (4) das Einzelkind heißt weder Pahl noch Meier, noch (7) Lang, noch Otte, also ist es das Kind der Niemanns. Frau Niemann ist (4) nicht Barbara oder Dorothea und auch nicht (2) Christa oder (7) Elke, also heißt sie Anke; sie ist weder (1) mit Frank noch mit Kai, noch (2) mit Gert, noch (6) mit Joseph verheiratet, ergo mit Herbert. Die meisten Kinder kann (1, 2, 6) nur Kai haben, dessen Frau (5, 4, 6, 1) ist Barbara, sie heißen (3, 4, 7) Otte und haben (7) sechs Kinder; Langs haben zwei. Herr Lang heißt (2, 4) Frank, Frau Lang (2, 1) heißt Dorothea. Elke hat also (7) drei Kinder, (2) Gert auch, also sind sie verheiratet und heißen (6) Pahl. Mithin haben (4) Christa und Joseph Meier fünf Kinder. Das Resultat: Anke und Herbert Niemann haben ein Kind, Dorothea und Frank Lang zwei, Elke und Gert Pahl drei, Christa und Joseph Meier fünf, Barbara und Kai Otte sechs Kinder.

Lösung 8

Er verteilt das Pulver so auf beide Waagschalen, daß sie im Gleichgewicht sind. So hat er auf jeder Seite 90 Gramm. Den Inhalt der einen Schale schüttet er in die Packung zurück, den der anderen teilt er abermals in zwei Hälften zu je 45 Gramm. Wieder wird eine zurückgeschüttet, und auf die leeren Schalen legt er seine beiden Gewichte, die fünf Gramm ausmachen; dazu schüttet er so viel Natron, bis das Gleichgewicht hergestellt ist. Das sind die 40 Gramm.

Lösung 9

Von links oben gehen 22 Wege aus, von rechts oben zehn und von einem auf der Diagonalen liegenden E zwischen Ecke und Mitte 32. Von jedem Typ gibt's zwei; das macht 128, dazu kommen 44 vom Zentrum aus. Also: 172 Wege.

Lösung 10

A-waagerecht ist eine gerade (D-senkrecht) Quadratzahl (G-waagerecht), mithin kommen nur 4×4×4 und 6×6×6 in Frage, d. h. Quadrate von (keine Null!) 212, 218 und 222 bzw. 254, 256 und 264. 264 liefert das einzige Palindrom der geforderten Art: 69696. B-senkrecht ist mindestens 616 und höchstens 696, das kann nur das Quadrat von 26 sein; 26 liefert 676. A-senkrecht ist eine mit 6 endende Quadratzahl x mal x; wegen G-waagerecht kommen für x 786, 796, 816, 826 und 836 in Frage. Nur 836 liefert ein Palindrom: 698896. G-waagerecht ist also 836264. J-senkrecht ist das Quadrat einer ungeraden Zahl (I-waagerecht) zwischen 11 und 25; nur 11 liefert ein Palindrom: 121. C-senkrecht muß durch 3 teilbar sein, dafür kommen nur 912, 942 und 972 in Frage, von diesen aber erfüllt nur 972 die Bedingung. E-waagerecht ist vierstelliges Vielfaches von 121, also 121 mal einer Zahl zwischen 59 und 66, die mit 77 beginnt; das kann nur 7744 sein. H-senkrecht beginnt mit 3 und endet mit 1, 2, 5, 7 oder 8. Die 8 ist zu groß, für 7 liefern die Kuben der ersten und letzten Ziffer 370, für die Endziffer 7 käme als zweite Ziffer nur 3 in Frage (3 hoch 3 = 27), aber das geht nicht.

Ebenso versagen als zweite Ziffer 5 und 2. H-senkrecht endet mit 1 und ist 371. K-senkrecht kann (I- und N-waagerecht) nur 343 oder 729 sein, aber 7 kommt schon in I-waagerecht vor. K-senkrecht ist 343, also F-senkrecht 449, I-waagerecht ist 871359, und D-senkrecht beginnt mit 6465. N-waagerecht ist 1313. Die letzten drei Ziffern 4xy von L-waagerecht sind durch 19 teilbar. In Frage kommen (M-senkrecht) nur 418, 437, 475 und 494. D-senkrecht ist 6465×x, mit x=1, 3, 7 oder 9; sie muß entsprechend durch 83, 73, 53 oder 43 teilbar sein. Das geht nur für 646591, also sind L-waagerecht 912494 und M-senkrecht 43.

Lösung 11

A-w ist gerade, also beginnt die dreistellige Kubikzahl B-s mit einer geraden Ziffer; das kann nur 216 sein; mithin ist A-w entweder 32 oder 72, also beginnt und endet A-s mit 3 oder 7. Die zweite Ziffer des Vielfachen von 25, J-w, kann nicht 3 sein, also ist sie 7, und J-w endet mit 5; A-s beginnt mit 7. Die höchste Quersumme von H-s ist 14, und die wird auch gebraucht; also ist H-s 95. J-w beginnt mit einer Zahl, die größer als 3 ist. D-s ist Primteiler von J-w; also ist J-w 25 mal diese Primzahl, mithin kommen für D-s 19, 23 oder 31 in Frage, aber C-w ist gerade. Darum ist D-s 23 und J-w 575, außerdem ist C-w 92. E-s beginnt mit 1 oder 2, aber 1 kommt schon in E-w vor, also sind E-s 2345 und F-w 3969; H-w ist 961, und I-s ist 19. Die zweite Ziffer von A-s ist 4 oder 5. 4 geht nicht, weil G-w ungerade ist, also 5, das heißt, G-w ist 45. Mithin ist die vierte Ziffer von E-w 4.

Lösung 12

Der Rand der Scheibe tangiert die Ränder des Bretts nur; also bedeckt er keines der 28 äußeren Felder vollständig, und von den sechs mal sechs inneren sind nur die vier Eckfelder nicht restlos bedeckt. Also sind 32 Felder ganz bedeckt.

Lösung 13

Christa W, die weder in N noch – weil kein Onkel – in U und weder in O noch in T wohnt, ist also in S beheimatet. Sie betreibt keinen Obstimport, also ist ihr Gebiet der Textilhandel. Dagmar wohnt ebenfalls nicht in U und weder in O noch in T, mithin in N. Hertha wohnt nicht in U und nicht in O, also in T; sie betreibt weder das Restaurant noch den Obstimport, noch die Fleischerei, also ist sie Versicherungsvertreterin, und weil sie nichts mit Obst zu tun hat, ist sie Frau B, und Dagmar hat den Obstimport. Sie heißt nicht I, denn sie wohnt in N, darum heißt sie G. Eberhard, der Fleischer, heißt mithin I. K's Restaurant ist nicht in O, deshalb wohnt dort I. Also wohnt K in U, und er heißt Anton. Auf einen Blick: A. K. in U, Restaurant; C. W. in S, Textilgroßhandel; D. G. in N, Obstimport; E. I. in O, Fleischerei und H. B. in T, Versicherungen.

Lösung 14

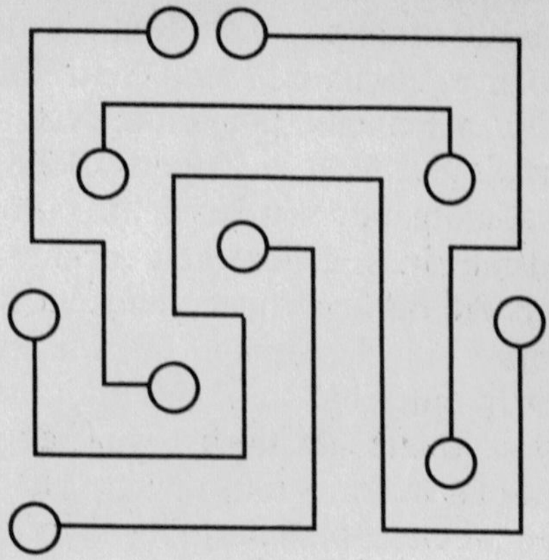

Lösung 15

Wir bezeichnen die Mädchen mit den großen, die Jungen mit den kleinen Anfangsbuchstaben ihrer Namen und die Aussagen mit den Nummern 1 bis 4. Falsch ist 1 nur, wenn A, D, E und entweder b oder c. Falsch ist 2 nur, wenn c, B, D und entweder A oder E. Da 1=falsch E und A, jedoch 2=falsch entweder E oder A bedingen, können nicht sowohl 1 als auch 2 falsch sein. Also ist entweder 1 oder 2 falsch. Wäre es 1, dann würde 3 bedingen, daß c, also B, und c wäre der einzige Junge. Folglich ist 2 falsch, mithin c, also (wegen) 3 E und darum a. Christensen und Abelmeier sind die Jungen.

Lösung 16

Gaby kann ihre Tochter nur im April bekommen haben, also Frau Heumann ihren Sohn im März und Nina ihren Sohn im Dezember; mithin kann Ninas Sohn nicht Rolf sein. Frau Heumanns Sohn ist nicht Martin und kann nicht Rolf, vor dem mindestens noch zwei geboren sind, sein. Frau Heumanns Sohn also heißt Benjamin, Ninas Knabe heißt Martin, und Rolf ist Ingrids Sohn, darum heißt Petra Heumann. Rolf ist nicht im November geboren, also kann in dem Monat nur Juttas Tochter zur Welt gekommen sein und darum Rolf zwei Monate vorher, im September. Olga hat vor Elke Geburtstag, mithin ist Olga Gabys und Elke Juttas Tochter. Frau Ahlers' Tochter ist vor Rolf geboren, folglich heißt Gaby Ahlers. Jutta heißt nicht Meyer, Frau Beck hat einen Sohn, deshalb: Jutta Lehmann und Ingrid Meyer. – Gaby Ahlers gebar im April Olga, Nina Beck im Dezember Martin, Petra Heumann im März Benjamin, Ingrid Meyer im September Rolf, Jutta Lehmann im November Elke.

Lösung 17

Während Dreinudel steigt, verschwinden oben Stufen. Wir nennen die Anzahl der Stufen, die verschwinden, während er eine Stufe nimmt, x. Dann ist die Zahl der zu jedem Zeitpunkt sichtbaren Stufen – sie sei mit s bezeichnet – gleich der Zahl der gestiegenen Stufen plus x mal diese Anzahl. Mithin: $s=24+24x$. Ebenso ist s gleich der Zahl der abgestiegenen Stufen minus x mal diese Anzahl: $s=24+24x=264-264x$. So ergibt sich $x=5/6$. Folglich ist $s=24+24 \cdot 5/6=44$. Stets sind 44 Stufen zu sehen.

Lösung 18
1) Die zehn Ziffern 0 bis 9 können nicht durch die elf verschiedenen Buchstaben dargestellt werden. Nur ein Buchstabe an einer Stelle ist falsch, aber der einzige einzeln vorkommende ist D. Also ist D falsch. A kann nur 1 sein, darum K=3 und L=9, mithin B=0. Von da an ergibt sich alles einfach: 3147541+3929691+3927651 = 11004883.
D hätte L heißen müssen.

Lösung 19

Hüben	Insel	Drüben
ABCDabcd		
ABCDab		cd
ABCDa		bcd
ABab		CDcd
ABCab	c	Dd
ABC	abc	Dd
Aa	bc	BCDd
Aa	b	BCDcd
a	b	ABCDcd
a		ABCDbcd
		ABCDabcd

Lösung 20
Dreißig Quadrate. Acht Hölzchen werden fortgenommen.

Lösung 21
A hat die Form: »wenn x, dann b«. Und B: »wenn nicht-a, dann nicht-x«, wobei x von der Form »u oder v« ist. Es gilt: wenn A wahr, dann B falsch. B ist

nur falsch, wenn »nicht-a und x«. Falls also a oder nicht-x wahr ist, dann muß A falsch sein, also: »x und nicht-b«. Daraus folgt: »wenn a, dann nicht-b« und »wenn nicht-x, dann x«, also »x ist wahr«. Für die vier Fälle ergibt sich: 1) »Wenn LD, dann nicht-NS«; »P oder nicht-G«. 2) »Wenn P, dann nicht-K«; »BS oder NS«. 3) »Wenn PH, dann LD«; »G oder IK«. 4) »Wenn IR, dann K«; »nicht-BS oder nicht-IK«. Also: wenn PH, dann (3) LD, dann (1) nicht-NS, (2) BS, (4) nicht-IK, (3) G, (1) P, (2) nicht-K, (4) nicht-IR.

Lösung 22

Für die sechste Frage gab es insgesamt 35 Punkte, also haben sie zwei richtig beantwortet, das können nur O und A gewesen sein; die anderen hatten für ihre falschen Antworten je fünf Punkte bekommen. U's Antworten sind alle falsch und bis auf die sechste mit 0 bewertet worden; O's einzig richtige Antwort ist die auf 6, also ist die richtige Antwort auf 4 »gleich«, und wer das nicht hatte, erhielt keinen Punkt, weil I und A je zehn Punkte bekamen. Also sind A's Antworten bis auf 4 und 6 falsch, insbesondere die auf 1. Richtig ist demnach E's und I's Antwort: 1=jünger. Mindestens eine Antwort auf 3 ist richtig, das kann nur 4 sein, damit ist I's Summe erfüllt, also ist Musi falsch, und E's Antworten auf 2 und 5 sind richtig. Die korrekten Antworten: jünger, Flusi, 4, gleich, Montag, neunzehn.

Lösung 23

Die Namen (N) sind mit kleinen Buchstaben abgekürzt. Links steht die Altersfolge (A). In der ersten Tabelle steht, was von vornherein klar ist (* bedeutet »ist nicht«):

A	N	Ws.	Hs.	Sp.	Kg.
1	g				
2		4		*4	
3		*3	3	*3	
4	*i	*2		*2	4

Kann i Zweitälteste sein? Dann wäre Kg. in der zweiten Reihe 2, also dürfte dort Sp. weder 2 noch 1 sein, mithin stünde dort 3, und i wäre Erste im Hochsprung, was nicht geht. Also ist i Drittälteste, und in Reihe 3 steht unter Kg. 2, weshalb dort in Spalte Ws. nicht 2, also nur 1 stehen kann, also in Spalte Sp. die 4. In Reihe 4 steht unter Ws. nicht 2, also 3, mithin unter Hs. 4, also unter Sp. 1; das ist h's Reihe, und j ist Zweitälteste. Zweite im Ws. ist g, die darum Dritte im Kg. ist, also ist j hier Siegerin und deshalb Zweite im Sp., worin g Dritte ist; also ist g Erste im Hs. So sieht's aus:

A	N	Ws.	Hs.	Sp.	Kg.
1	g	2	1	3	3
2	j	4	2	2	1
3	i	1	3	4	2
4	h	3	4	1	4

Lösung 24

Die Aussagen sind laufend numeriert. Würde es warm, dann (3) Wind und kein Niederschlag oder kein Wind und Niederschlag. Der erste Fall widerspräche 1, der zweite bedingte (4) hohe Luftfeuchte und (5) Wind, also Widerspruch. Darum kalt, mithin (2) Niederschläge, hohe Luftfeuchtigkeit und (5) windig.

Lösung 25

Wegen der alphabetischen Reihenfolge saßen die Personen in »bunter Reihe« um den Tisch, jeder Mann zwischen zwei Frauen und umgekehrt. Weil nur A und B beieinander saßen, war C mit F, H oder J verheiratet. Daraus ergeben sich drei mögliche (Ehe-)Paarbildungen: AB, CF, ID, GJ, EH; AB, CH, EJ, GD, IF; AB, CJ, EH, GD, IF. Beim Arrangieren dieser Möglichkeiten um den Tisch bleibt unter Berücksichtigung der Fakten nur die zweite übrig und eine Sitzordnung, bei der G am Ende des schmalen Stücks plaziert ist. So ergibt sich: Ingo war der Mörder.

Lösung 26

Wir numerieren die sieben Aussagen der Reihe nach. A's Aussage kann (wegen 1) nur falsch sein, wenn E's Aussage richtig ist, just das aber würde bedingen (2), daß A's Aussage wahr wäre. Also hat A recht, und damit (7) ist Ü's Aussage falsch, mithin (4) ist O's Aussage nicht falsch. Daraus folgt einerseits (3), daß I die Wahrheit sagt, und andererseits (2), daß E lügt, also (5) U's Aussage wahr, folglich (6) Ö's Aussage falsch ist. Knesi, Knösi und Knüsi sind Bebianer, die übrigen Abianer.

Lösung 27

X Blocks kosten x Pfg., y Blocks kosten y Pfg., mithin ist $x \cdot x - y \cdot y = 215$, und $x \cdot x + y \cdot y$ ist kleiner als 1000. $x \cdot x - y \cdot y = (x+y) \cdot (x-y)$ – das hatten wir einmal in der Schule gelernt –, mithin muß 215 ein Produkt aus zwei ganzen Zahlen sein, also entweder $215 \cdot 1$ oder $43 \cdot 5$. Also ist $x+y=215$ oder 43 und $x-y=1$ oder 5, anders ausgedrückt: $2x=216$ oder 48 und $2y=214$ oder 38. Folglich ist $x=108$ oder 24 und $y=107$ oder 19. Weil aber (s. o.) $x \cdot x + y \cdot y$ kleiner als 1000 sein soll, kommt nur das kleinere Zahlenpaar in Frage. Das eine Programm kostet $24 \cdot 24$ Pfg., also 5,76 Mark, und das andere $19 \cdot 19$ Pfg., also 3,61 Mark.

Lösung 28

Die Klammern verweisen auf die acht Bedingungen. Wäre P=t, dann gälte (7) N=p und J=t, doch N=p hätte (5) F=t zur Folge, und aus J=t ergäbe sich (2) F=p. Also P=p. N=p bedingte (5) F=t und H=t, aber aus F=t folgte (2) J=p und daraus (8) H=p. Darum N=t. J=p führte (8) zu H=p und (4) zu H=t, also J=t mithin (2) F=p. H=t bedingte (1) W=t, also (3) N=t, aber N ist p. Darum H=p und (6) W=p.

Lösung 29

Zehn Zahlen sind gegeben, aber nur fünf Stellen. In der ersten Spalte kommt keine Ziffer mehr als einmal vor. Also kommen für die nächsten vier Stellen nur Ziffern in Frage, die in ihrer Spalte mehrfach auftreten, nämlich in drei Spalten zweimal und in einer dreimal. Wird jetzt noch beachtet, daß in jeder Reihe nur eine Übereinstimmung erlaubt ist, ergibt sich 148,57 als gesuchter Preis.

Lösung 30

Auf D's Platz kann nicht E sitzen, weil E-O-x-x-D-E nur möglich wäre, wenn D auf C's Platz säße. E auf C's Platz würde E-x-x-A-C-E bedingen, was unmöglich ist. Also E auf B's Platz und E-x-U-x-B-E. Da hinein paßt nur D-x-O, und für C, A und I bleibt ein Ringtausch. Also: E-D-U-O-B-E und C-A-I-C.

Lösung 31

A bis J sind die verbotenen Stellungen. Darf 1 oben stehen? Das bedingte (wegen I) 7 unten, also (G) 5 unten, und (J) wäre nur dann nicht erfüllt, wenn 2, 6 oben und 3 unten stünden; mit 6 oben aber wäre (da 7 unten) F erfüllt. Mithin: 1 unten. 3 oben erforderte (E) 4, (B) 7, (F) 6 und (D) 2 unten, damit aber wäre A erfüllt. Darum 3 unten, (C) 4 oben, (H) 5 unten, (J) 2 und 6 oben, (F) 7 oben. Also: 1, 3, 5 unten; 2, 4, 6, 7 oben.

Lösung 32

Inge schwimmt entweder Mo und Sa oder Di und So; im ersten Fall schwimmt Elke Mi und So und im zweiten Mo und Fr. Im ersten Fall kommen für Dieter Di und Fr und für Axel Do und Sa in Betracht (bei Fr für Dieter gäbe es keinen erlaubten zweiten Tag). Im zweiten Fall schwimmen Dieter Mi und Sa und Axel Do und Di. Also sind Inge und Axel die Müllers.

Lösung 33

E-w kann nicht mit 13 (prim) oder 15 (wegen C-s) beginnen, also sind E-w 3579, C-s 57 und A-w 125. K-s wird nur von 27 erfüllt. Für A-s kommen 131, 137 und 139 in Frage. 137 würde für F-w 71, 73 oder 79 bedeuten. 71 entfällt wegen G-s; 73 geht wegen G-s auch nicht, 79 hätte für G-s 959 zur Folge, aber die 9 am Ende ist zu groß für L-w. A-s 139 bedingte für F-w 97, aber kein Vielfaches von 139 beginnt mit 7. Also ist A-s 131. F-w kann nicht 11 sein; auch nicht 17, denn dann wäre G-s 786, J-w begänne mit 8, aber 8000 ist unzulässig (Nullen). F-w 19 hätte G-s 917 zur Folge, aber 7 wäre zu groß für L-w. F-w ist 13, mithin G-s 393 und J-w 9261. Darum ist L-w 43752, und für D-w ist 81 die einzige Möglichkeit, mithin H-w 75 und I-s 512.

Lösung 34

a) 19 (nächste Primzahl); b) Q (nächster Buchstabe, der mit einem Bogen geschrieben wird); c) U (drittnächster Buchstabe); d) 10 (3^2+1); e) T (8. Buchstabe nach L; nach Z kommt wieder A . . .); f) A (erst 45 Grad nach rechts, dann 2mal 45 Grad nach links, dann 3mal 45 Grad nach rechts . . .); g) 336, 504 (nmal[n+1]mal[n+2]); h) 40384, 362961 ($1 \cdot 2 \cdot \ldots \cdot n$+Quadrat von n); i) 35, 67 (zur vorhergehenden Zahl ist die nächst höhere Potenz von 2 zugezählt); j) 36, 57 (die Abstände der Zahlen sind 1, 1+2, 1+2+3, 1+2+3+4, . . .); k) 129 ($8+3^0+3^1+3^2+3^3+3^4$); l) H (die Folge der jeweils um 11 vermehrten Primzahlen durch Buchstaben ausgedrückt: 1=A, 2=B, . . . Wo die Zahl über 26 hinausgeht, wird von neuem begonnen, 27=A, 28=B, ...); m) 31 (Folge aus den Primzahlpaaren, zwischen denen nur eine Zahl liegt); o) 14 (Anfangsbuchstaben der Zahlen 1, 2, 3, ... in Zahlen ausgedrückt: 1=A, 2=B, ...).

Lösung 35

Denken wir uns die fünf Anweisungen der Reihe nach numeriert; die Gerichte sind mit kleinen Buchstaben und die Tage wie üblich abgekürzt. Angenommen Do=e, dann müßte (wegen 4) Mo=b sein und (5) Di=g, aber dann wäre 1 unerfüllbar. Do=b hätte (4) Mo=e, mithin (1) Mi=g zur Folge, aber das machte 5 unerfüllbar. Do=g würde (3) Mi=h bedingen, aber dann wäre 2 unerfüllbar. So bleibt nur Do=h, was (3) Mo=g bedingt, folglich (2) Mi=e; und für Di bleibt b. Das steht mit jeder Anweisung im Einklang.

Lösung 36

Die sieben Vorhersagen sind laufend numeriert; (1) bedeutet: »damit Voraussage 1 nicht erfüllt wird«, etc. B-ja hat (1) D-ja zur Folge, mithin (3) Z-ja, also (5) E-ja, darum (6) A-nein; dann aber wäre 7 erfüllt. Also *B-nein*, was (2) E-ja oder D-ja bedingt, weshalb (3) *Z-ja* folgt. E-ja würde (6) wieder A-nein bedingen und 7 erfüllen. Darum *E-nein* und *D-ja*, mithin (4) A-nein. Die Spritze wurde mit den Nein-Stimmen von A, B und E abgelehnt; nur D und Z hatten dafür votiert.

Lösung 37

A bedeutet, »Haben Sendung des 1. Programms gesehen«, D = »Haben Sendung des 3. Programms gesehen«, Z = »Haben Sendung des ZDF gesehen«. A&D = »Haben sowohl Sendung des 1. als auch des 3. Programms gesehen«, . . . Die Gesamtzahl 77 der Seher ergibt sich aus den Zuschauerzahlen so: 77=A+D+Z−A&D−A&Z−Z&D+A&Z&D, also 77=44+43+28−17−13−13+A&Z&D. Mithin ist A&Z&D=77+17+13+13−44−43−28. Also hatten fünf der Befragten Programme aller drei Anstalten gesehen.

Lösung 38

Nur drei Glieder brauchte der Fürst aufzutrennen, das fünfte, das 14. und das 31. Kettenglied. Damit hatte er drei einzelne Glieder, ein Stück aus vier Gliedern, eines aus acht und eines aus 32 Gliedern. An den ersten drei Tagen zahlte er jeweils mit einem der Einzelglieder, am vierten Tag tauschte er das viergliedrige Stück gegen die drei Einzelglieder ein, am fünften, sechsten und siebten Tag zahlte er wieder mit den einzelnen Gliedern, dann gab er das achtgliedrige Stück ab und erhielt die zuvor gegebenen Stücke zurück. Auf solche Weise konnte er auch an allen folgenden Tagen seinen Zimmerpreis entrichten. Eingefallen war ihm dies wohl, weil der Fürst schon lange vor dem Computerzeitalter über die Darstellung von Zahlen im Zweiersystem nachgedacht hatte.

Lösung 39

Nur diejenigen Ringe, die sich aus der Ziffernfolge des Originalrings dadurch ergeben, daß, von 1 beginnend, jeweils eine feste Anzahl von Ziffern übersprungen wird, erfüllen die Bedingung. Davon gibt es acht verschiedene:

1, 3, 5, 7, 9, 11, 2, 4, 6, 8, 10
1, 4, 7, 10, 2, 5, 8, 11, 3, 6, 9
1, 5, 9, 2, 6, 10, 3, 7, 11, 4, 8
1, 6, 11, 5, 10, 4, 9, 3, 8, 2, 7
1, 7, 2, 8, 3, 9, 4, 10, 5, 11, 6
1, 8, 4, 11, 7, 3, 10, 6, 2, 9, 5
1, 9, 6, 3, 11, 8, 5, 2, 10, 7, 4
1, 10, 8, 6, 4, 2, 11, 9, 7, 5, 3

Bei der ersten Folge ist jeweils eine Ziffer des Originalrings übersprungen, bei der zweiten zwei, bei der dritten drei ...

Lösung 40

Die Namen tüsselnder Dresunden sind mit kleineund die pantelnder mit großen Buchstaben abgekürzt. Das wurde gesagt: 1. Wenn entweder G oder H, dann entweder S oder O. 2. Wenn S, dann k. 3. Wenn K und B oder k und b, dann F und G. 4. Wenn o oder (auch) h, dann S und M. Eine Aussage vom Typ »wenn X, dann Y« ist aber dann und nur dann gelogen, wenn X wahr und Y falsch sind. Also sind diese Aussagen wahr: 1a) Entweder G oder H. 2a) S. 3a) K und B oder k und b. 4a) o oder h. Hingegen dürfen diese nicht erfüllt sein: 1b) Entweder S oder O. 2b) k. 3b) F und G. 4b) S und M. Wegen (2a) S, sind (4b) m und (1b) O, also (4a) h, mithin (1a) G und (3b) f. Wegen (2b) K ist (3a) B. Nur Honk-, Förk- und Mötzdresunde tüsseln ein Deutzchen.

Lösung 41

Die Personen der Runde sind mit den abgekürzten Namen ihrer Orchesterinstrumente mit großen Buchstaben, die anderen Instrumente mit kleinen bezeichnet. Nur PS, B, G, H sind verheiratet, und darunter befindet sich ein Ehepaar, von dem G kein Partner ist. B ist weder mit PS noch mit H verheiratet, also PS mit H, H ist der Mann, C ist auch ein Mann. Unter K, C, TP ist ein verlobtes Paar. Aber C kann nicht dazugehören, sonst spielte C noch k oder tp, dazu b und g, also vier Instrumente, was nicht sein darf; K und TP sind verlobt; wäre TP der Mann, müßte er noch k, b und g spielen, was nicht geht. K ist der Mann, und er spielt noch b und tp; seine Braut TP spielt auch b. Frauen spielen g, aber nicht h, keine verheiratete Person spielt k und nur eine Person k und g; außerdem spielen vier Personen g. Damit kann alles über C, K und TP gesagt werden, der Familienstand und das Geschlecht aller sind klar, und wir ermitteln, daß PS g spielt. Sie kann nicht b oder c spielen, weil sonst B und G tp spielten, aber einer von beiden muß tr spielen; also spielt PS tp, weil sonst PS und H kein gemeinsames Instrument spielen könnten. Darum spielt H ps und tp. Der Rest ist einfach: PS+g+tp, vh, w; K+b+tp, ld, m; B+ps+tr, vh, m; G+b+pk, vh, m; H+ps+tp, vh, m; C+k+g, ld, m; TP+b+g, ld, w.

Lösung 42
Anne ist verheiratet und tanzt nur – als Solo – den Charlston.

Lösung 43
M hat mindestens acht Tage länger als B durchgestanden, und weil dies eineinhalbmal solange war, hat B mindestens 16 Tage nicht geraucht. Hätte B mehr als 16 Tage ausgehalten, müßte es M länger als einen Monat geschafft haben. Dies aber traf nicht zu. Also hatte M genau 16 Tage Abstinenz geübt, mithin D 32 Tage.

Lösung 44
Von allen denkbaren Kombinationen aus verwandt, gleichhändig, gleichgeschlechtlich und deren Gegenteilen sind nur zwei mit allen Bedingungen vereinbar: 1. verwandt, gleiche Händigkeit und gleiches Geschlecht; 2. nicht verwandt, gleiche Händigkeit und ungleiches Geschlecht. Die erste Kombination ist bei den gegebenen Verwandtschaftsverhältnissen nicht möglich. Für die zweite kämen F und M oder D und S in Frage. Aber bei verschiedenem Geschlecht muß der Mörder Linkshänder sein. Und weil das Opfer nur ein Mann sein kann, hat Sabine den Mord an Dieter begangen.

Lösung 45

5	1	9	7	3
6	7	■	5	6
7	8	1	■	2
9	8	7	6	1
8	9	■	6	6

Lösung 46

In der zweiten Woche hatte einer der beiden Ehepartner x Portionen Eis zum Portionspreis von y Pfennig konsumiert. Daraus errechnet sich die Gesamtausgabe für Eis: $(x+1)$ mal $(y-20) + (x-1)$ mal $(y+20)$, das sind $3xy-40$ Pfennig. Diese Formel ist für beide Partner gültig. Denn während beim einen von Woche zu Woche die Portionszahl um eine zu- und der Portionspreis um 20 Pfennig abnimmt, ist es beim anderen gerade umgekehrt. Daraus läßt sich errechnen: $3xy-40$ muß 2867 sein. Das Produkt aus Portionszahl und Preis in der zweiten Woche ist mithin 969. Diese Zahl ist 3 mal 17 mal 19. Da der Preisunterschied bei den Eismännern nur gering war, muß eine Person 17 mittlere Portionen à 57 Pfennig und die andere 19 mittlere Portionen à 51 Pfennig gekauft haben. Jede andere Zusammenfassung der drei Teiler würde zu erheblichen Preisunterschieden führen. Frau K.

hatte insgesamt mehr Eis konsumiert als ihr Mann. Darum ist nur diese Lösung möglich:
Herr K hatte in der ersten Woche 18 Eis à 37 Pfennig, in der zweiten 17 à 57 und in der dritten 16 à 77. Frau K: 18 à 71, 19 à 51 und 20 à 31, also sechs mehr als er.

Lösung 47
Die sieben Bedingungen sind der Reihe nach numeriert; Wochentag groß abgekürzt, heißt E-Tag, kleine Abkürzung bedeutet kein E-Tag. DI bedingt (4) MO oder MI; MO bedingt (5) fr, also (7) mo: Widerspruch. Was ist mit mo, aber MI? Dann (1) fr, folgt (6) DO, das widerspricht 3. Darum di, also (2) DO und FR, folgt (7) mo und (1) mi. Eintopf nur Donnerstag und Freitag.

Lösung 48
Weder Duckermann (6) noch Kickel (1), noch Buntmüller (2), noch Zockel (5) ist der Jüngste, also ist es Höpper, der nicht Martin (6), Jochen (1), Norbert (3) oder Axel (5), mithin Thomas heißt. Weder Duckermann (6) noch Kickel (1), noch Buntmüller (3) ist der Älteste, mithin Zockel, der weder Axel (5) noch Norbert (3), noch Martin (6), also Jochen heißt. Zockels Haar ist weder rot noch grau (5), noch blond, noch schwarz (4), mithin braun. Thomas H. hat weder rotes oder graues (5) noch blondes (2) Haar, er ist schwarz. Axel hat weder graues noch rotes Haar (5), er ist blond und heißt darum nicht Buntmüller (2); auch Norbert ist nicht Buntmüller (3), also Martin. Axel, der Blonde,

ist jünger als Martin B. (2); Duckermann ist älter als Martin B. (6), also Axel Kickel und Norbert Duckermann, der 40jährige (4), Martin B. ist 35 und Thomas H. 25 (3), folglich Axel K. 30. Darum hat Norbert graues Haar (1), Martin ist rothaarig, folglich ist Jochen 45 Jahre alt (1).

Lösung 49

Herr au kann nicht Abianer sein (6), also ist mindestens einer der übrigen Abianer, aber (5) u ist Bebianer. Ist i Abianer? Dann müßte (3) o Bebianer sein, d. h. sowohl e als auch i Bebianer oder u Abianer und a Bebianer. Beides kann nicht sein. Also ist i Bebianer. Wäre e Bebianer, müßte (4) o auch Bebianer sein, weil der erste Teil seiner Aussage nicht stimmen kann, außerdem müßte (2) – weil u Bebianer ist – a Bebianer sein, mithin gäbe es keinen Abianer entgegen unserem anfänglichen Befund. Also ist e Abianer, darum ist auch a Abianer, mithin auch (1) o. Knasebatz, Knesebetz und Knosebotz sind Abianer, Knisebitz, Knusebutz und Knausebautz sind Bebianer.

Lösung 50

Die zweite Ziffer von Bs könnte nur 1, 2 oder 4 sein, aber keine davon käme als zweite Ziffer von Ew in Frage. Also ist Bs oder Ew falsch, alle anderen sind richtig. Die letzte Ziffer von Ds ist 7 oder 9, also beginnt Kw mit einer dieser beiden; Kw kann nur 961 sein. As kann deshalb nur 23456 sein. Js muß mit einer Ziffer beginnen, die kleiner als 5, jedoch größer als 1 ist, also ist Js 31, und die beiden letzten

Ziffern von Iw sind 21. Die erste Ziffer von Cs ist 2. Mithin ist Aw 282, und Bs ist die falsche Definition. Also ist Ew 38. Die vierte Ziffer von Hw ist größer als 5 und gleich der ersten Ziffer von Fw, also ist Fw 65 oder 91, aber wegen Hw kommt nur 65 in Frage, also ist Cs 2662. Die ersten beiden Ziffern von Gs sind 57, 58 oder 59, aber weil ihre Quersumme gerade sein muß, entfällt 58, auch 57 geht nicht, weil dann die letzten beiden Ziffern zusammen 6 ergeben würden, also 1 und 5. Darum ist Gs 5916. Hw kann nur mit 3 beginnen und 5 als dritte Ziffer haben, also ist Ds 1379.

Lösung 51

Die Aussagen: a = alle E sind v; b = kein K k; c = keine T g; d = kein F ist b; e = jedes S ist ein J; f = alle M p. Die Bedingungen: 1) Wenn b, dann und nur dann e. 2) Wenn nicht-a, dann b und nicht-e. 3) Wenn b und nicht-c, dann nicht-a. 4) Wenn c und nicht-f, dann sowohl nicht-a, als auch: Aus b folgt d. 5) Wenn nicht-f, dann e. 6) Wenn entweder d oder nicht-e, dann nicht-f. 7) Wenn entweder nicht-c oder nicht-f, dann kann nicht sein, daß zwar d, jedoch nicht-e. 8) Wenn b, dann d. Lösungsweg: Wäre e, dann (2) a und (1) b, also (8) d, (6) nicht-f, (4) nicht-c, folglich (3) nicht-a: Widerspruch. Darum nicht-e; es folgen: (5) f, (6) d, (7) c, (1) nicht-b, (2) a.

Lösung 52

Namen sind mit großen, Stämme mit kleinen Buchstaben abgekürzt, die Aussagen der Reihe nach numeriert und das logische Gegenteil der Aussage mit einem Minuszeichen versehen. G kann nicht-a sein, denn wegen 5 müßte C a sein, also (2) auch E und A, aber wegen 4 müßte dann E nicht-a sein. Ebenso führt die Annahme, daß G b sei, zum Widerspruch. Denn 2– besagt C=a und E=b oder A=b, aber nach 4– ist E=a, mithin muß A=b sein und (5–) F=b, das aber widerspricht 4–. G also ist c, und es zeigt sich schnell, daß sie mit einer falschen Aussage beginnt. C=a würde wegen 2 und 4 zum Widerspruch führen, D=a hätte (1–) C=a zur Folge. Wegen 3– ist B=a, also müssen mindestens zwei a auf A, E und F verteilt werden, da aber E=a (4) F=b und A=b zur Folge hätte, kann nur E=b sein, mithin sind A, B und F die einzigen Abianerinnen, und das führt nicht zum Widerspruch.

Lösung 53

Da maximal nur acht Personen mit Handschlag begrüßt werden konnten, waren die genannten Zahlen 0 bis 8, mit denen die Personen bezeichnet werden. 8 und 0 müssen verheiratet sein, mithin auch 7 und 1, 6 und 2, 5 und 3. Also haben meine Frau und ich je vier Personen mit Handschlag begrüßt, und zwar dieselben, nämlich 5, 6, 7 und 8. Darunter ist nur eine Dame, Frau E. Die Herren sind A, I und O. Insgesamt wurden 36mal Hände geschüttelt, daran waren die befragten Herren mit 18 beteiligt, also sind sie 0, 5, 6 und 7. Frau E. hat 8 Hände geschüttelt.

Lösung 54

Die sechs Aussagen sind der Reihe nach numeriert; a bedeutet: »alle P d«, b=»Es gibt ein M, das d«; c=»alle F m; d=»Es gibt ein B, das k«; e=»alle R b«; f=»Es gibt ein E, das l«. Angenommen nicht-d, dann (4) entweder f oder (nicht-a oder nicht-c). Aus f folgt (3) b oder e, aber aus b folgt (5) nicht-a, und aus e folgt (2) nicht-c, was gegen das »entweder – oder« verstößt. Nicht-f bedingt nicht-a oder nicht-c, aber daraus würde (6) f folgen. Also d, das hat (1) nicht-f, also (6) a und c, darum nicht-b und (2) nicht-e zur Folge. Darum: alle P d, kein M d, alle F m, es gibt ein B, das k, mindestens ein R tut nicht-b und kein G l.

Lösung 55

Angenommen, die auf Mädchen bezogenen Erklärungen seien wahr, dann wäre das fünfte Kind Junge und das vierte Mädchen, aber die beiden letzten Erklärungen widersprächen einander. Wäre 1 Junge, dann 5 Junge, 4 Mädchen und 2 Junge, was aber 5 Mädchen bedingte. Also sind die Erklärungen über Jungen wahr. Wäre 1 Mädchen, müßten alle Mädchen sein, was ausgeschlossen wurde. Mithin ist 1 Junge. Die Reihenfolge: Junge, Junge, Mädchen, Mädchen, Mädchen.

Lösung 56

Sie säubert den Gehsteig nicht am Montag, Dienstag oder Mittwoch (Bedingung 1), auch nicht am Freitag (4), also am Donnerstag. Sie putzt im Parteibüro am Dienstag (1), wäscht das Auto am Freitag (4) und arbeitet Mittwoch im Garten (1), also stehen Montag Schulbus und Sammeln auf dem Programm. Bahnhofsmission ist nicht am Freitag (5), mithin am Mittwoch und Nähstunde am Freitag. Sie kauft am Donnerstag ein (5) und ist am Dienstag Ersatzmutter. Da Mittwoch Gartenarbeit dran ist, stehen Montag Gesangverein, Dienstag Kino und Donnerstag Bridge auf dem Programm, also ist (4) am Mittwoch Nähkränzchen und Babysitting am Freitag.

Lösung 57

Wir numerieren die sechs Bedingungen der Reihe nach. Schnapstage sind mit großen, die anderen mit kleinen Buchstaben abgekürzt. DI kann nicht sein, denn sonst wäre 3 in jedem Fall erfüllt. Also di. FR hätte (wegen 2) mo zur Folge, aber mo würde (3) fr bedingen. Wegen dieses Widerspruchs gilt fr. Wenn mo, dann (5) sa, aber dann (1) do mithin (4) FR – Widerspruch. Darum MO, mithin (1) Do und sa. Und weil mi (6) SA zur Folge hätte, gilt MI. Schnapstage sind nur Montag, Mittwoch und Donnerstag.

Lösung 58

Hätte einer vier gleiche Bilder gesehen, dann hätte er gewußt, daß zwei Karten mit dem anderen Bild vor ihm liegen. E nahm zunächst an, er habe zwei Könige, und überlegte: A würde nach der ersten Befragung wissen, daß er keine zwei Könige haben kann, weil sonst I gewußt hätte, daß er zwei Asse hat. Ebenfalls hätte A wissen müssen, daß er nicht zwei Asse haben kann, weil in diesem Fall I beschlossen haben müßte, er könne nur König und As haben. A müßte also bei der zweiten Befragung geantwortet haben, er habe König und As. Das gleiche gilt für E's Annahme, er habe zwei Asse. Also hatte E König und As.

Lösung 59

Es brauchten nur die unmöglichen Fälle ausgeschlossen zu werden. Eine Zeichnung, bei der die Bedingungen durch Punkte und die erlaubten Kombinationen durch Verbindungslinien dieser Punkte dargestellt werden, hilft dabei. Es ergibt sich: Lollyberger wurde genommen.

Lösung 60

Arten sind mit kleinen, Namen mit großen und Aussagen mit numerierten großen Buchstaben gekennzeichnet. P kann nicht-a sein, weil sonst P1 und P2 einander widersprächen. N kann wegen N1 nicht-a sein. L kann wegen L3 nicht-a sein. Also ist M ein a, darum ist L M's Sohn und kann nicht-b sein. L1 ist richtig. N kann nicht-b sein, denn sonst wäre P nicht-b und darum N2 richtig, also N nicht-b. Mithin ist N nicht-b, also ist P ein b, darum ist L Sohn von N, mithin L ein ca, folglich L2 wahr, das heißt, N ist P's Sohn. Ergo ist M eine Frau, darum N3 wahr, folglich N ein ca. Zusammengefaßt: L ist ca und Sohn von Frau M und Herrn N. M ist a. N ist ca und Sohn von P. P ist b.

Lösung 61
Die Frau kann nur E oder I sein. U arbeitet im Westflügel, und vor dem Tausch kann A nur im Ostflügel gearbeitet haben. Die beiden letzten – zugerufenen – Bedingungen lassen für das vorige Jahr nur I im Zentrum und E im Nordflügel zu. Die Verteilung heute: E-Nord, I-Ost, O-Süd, U-West und A-Mitte. I war die Frau im Zug.

Lösung 62
Namen sind mit großen, Sportarten mit kleinen Buchstaben abgekürzt: Herr S betreibt h und w, Frau F s, Frau H s, l und w, Frau S h und l, Herr F h, Herr H s und h. Also betreibt Frau Hurtig die meisten Sportarten.

Lösung 63

9	7	5	4	3	1
6	2	2	6	■	7
1	9	9	■	1	3
3	6	■	2	1	6
7	4	9	5	3	6
■	8	3	■	1	3

Lösung 64

```
100007892 : 333 = 300324
 999
   1078
    999
     799
     666
     1332
     1332
```

```
300324 : 29 = 10356
29
 103
  87
  162
  145
   174
   174
```

Lösung 65

1, 3, 4 und 5 Kinder. Von den zwölf möglichen Kombinationen der Kinderzahlen gibt es zweimal zwei, deren Produkt jeweils gleich ist: 1mal2mal3mal8 und 1mal2mal4mal6 sind 48; 1mal2mal5mal6 und 1mal3mal4mal5 sind 60. Nur in diesen Fällen hätte die Kenntnis der Hörerzahl nicht genügt. Und nur wenn Manns drei Kinder haben, ist die Lösung eindeutig zu ermitteln.

Lösung 66

A-w endet mit 7 oder 9, aber bei 7 müßte A-w mit 124 oder 134 beginnen, doch beide teilen A-w nicht. Nur der Kehrwert von 146 ist prim und teilt A-w, also sind A-w 146789 und F-s 922; wegen G-w ist A-s 127, der Teiler von B-s. C-s kann nur 6161 oder 6767 sein. Im ersten Fall wäre (wegen G-w) D-s prim. Also D-s ist 77 und C-s 6767. B-s ist 4 · 313x oder 4 · 717x. Nur für den ersten Fall gibt's zwei passende x, die für B-s 413131 und 473837 erlauben. J-w kann aber nicht mit 8 beginnen. B-s ist 413131, und J-w ist 1764, also K-s 676 und M-w 729. G-w ist 217712, H-w ist 736, darum L-w 23 und N-s 92, also L-s 29. I-w ist (wegen E-s) 62, E-s 816427 und O-w 913672.

Lösung 67

4. Stockwerk – Johanna – Polen – Langlauf
3. Stockwerk – Maria – England – Eiskunstlauf
2. Stockwerk – Sarah – Österreich – Rodeln
1. Stockwerk – Anna – Schweden – Slalomlauf
Parterre – Elisabeth – Kanada – Eisschnellauf

Lösung 68

Dies ist ein Weg: angenommen kein T, dann (3) kein D oder kein C oder S oder Ma. Die vier Bedingungen werden untersucht (2, 8, 6, 10, 4, 6, 5, 7, 11, 8). Sie führen alle zum Widerspruch. Also kommt T hinein, darum (1, 7, 4, 5, 6) weder Ma noch S, also (9) D, (5) kein Mu, aber (10) C.

Lösung 69
567519 : 1988 = 285 und 142857 mal 1326451

Lösung 70
Es ist immer so. Wenn die erste Prozentzahl mit A und die zweite mit B bezeichnet wird, dann ist es kein Wunder, daß 100–A–B = 100–B–A ist.

Lösung 71
Der Azubi hatte den großen und den kleinen Zeiger vertauscht, was bei alten Uhren leicht geschieht. Er hatte Dreinudel gegen 20.05 Uhr und dann wieder gegen 7.10 Uhr besucht.

Lösung 72
X bedeutet »X ist Abianer«; x bedeutet: »X ist Bebianer«; (X) bedeutet: »wegen der Aussage von X«. Wenn O, dann (D) entweder E und i oder A und U. Aber E hätte (B) A und U zur Folge, und A (A) würde E bedingen. Also o. A und U hätte (A) i, jedoch (U) I zur Folge; a und u würden (U) I bedingen, was (I) zum Widerspruch führte. Also entweder A oder U, und das bedingt (D) e oder I. Falls A, dann (A) entweder E oder i. E aber würde I bedingen und (I) zum Widerspruch führen. Darum e und i, aber dann überwiegten die Bebianer. Also a und U, also (E) E und I. Nur A und O sind Bebianer.

Lösung 73
Bei bekannter Markenzahl ist die Anzahl der Freunde nur dann eindeutig, wenn die Markenzahl das Quadrat einer Primzahl ist. 17 Freunde erhielten je 17 Marken.

Lösung 74

4	3	■	3	9	1
4	9	8	2	4	7
2	1	6	1	2	5
9	3	5	■	1	7
1	9	3	6	3	8
3	1	2	4	5	9

Lösung 75
Kein Kloff lützelt sein zockiges Hurpendosel. Alle Flidorken meudern sich das töffige Sulpentötzlein. Es gibt Nalunten, die nicht am Hiffenbrons furkeln. Und mindestens eine Draugate beneugelt die lunkige Brebe.

Lösung 76
Gerd Groß (36), Hausrat; Sabine Beyer (32), Haftpflicht; Annegret Reuter (30), Kfz; Birgit Winter (28), Rechtsschutz; Botho Scholz (26), Leben.

Lösung 77
Mit L sei die Länge des linken und mit R die des rechten Waagebalken bezeichnet, b sei das Buchgewicht. Dann ergeben sich die beiden Gleichungen: $bL = 64R$ und $bR = 100L$, also ist $bLbR =$

64R100L, mithin b LR = 6400 LR, das heißt: b^2 = 6400, folglich b=80. Das Büchlein wog 80 Gramm.

Lösung 78
KHK–FCT 0 : 1, KHK–SHB 0 : 0, KHK–KDB 4 : 0, KHK–KSV 3 : 0, FCT–SHB 2 : 2, FCT–KDB 2 : 0, SHB–KDB 2 : 2, KDB–KSV 3 : 2

Lösung 79
Gusi (16) ist Abi und ledig, Musi Teck (24) ist Bebi, Dusi Tuck (19) und Busi Tack (20) sind die Cebi.

Lösung 80
Max Rundlich wog anfangs 300 Pfund und hat 100 Pfund abgenommen. Gertrud Groß: 275 – 125. Otto Stark: 250 – 75. Brigitte Riese: 225 – 25. Karin Breit: 200 – 50.

Lösung 81
Das letzte Depot mußte mit 180 Liter 180 km vor dem Wüstenende errichtet werden, was zwei Transporte erforderte, einen, der nur 60 Liter dortließ (wegen der Rückfahrt), und einen, der 120 Liter hinzufügte. Also lag das vorletzte Depot 60 km vor dem letzten und mußte 360 Liter fassen; das Depot davor mußte 36 km vor dem vorletzten angelegt sein ... Wenn alles zurückgerechnet wird, ergibt sich, daß im ersten Depot – 7,443 km vom Wüstenanfang entfernt – 11 mal 180 = 1980 Liter gelagert werden mußten. Dafür waren 23 Transporte nötig. Der Gesamtverbrauch: 1980 plus 23 mal 7,443, also 2151,189 Liter.

Lösung 82
Müller = Zahntechniker, Meier = Apotheker, Lehmann = Zahnarzt

Lösung 83
Nur die Aussagen 3 und 5 ergeben sich zwingend.

Lösung 84
So sehen die Verdienste bei DM 30,–/Jahr und DM 10,–/Halbjahr plus Steigerungen aus:

	30/Jahr	10/Halbjahr
1. Jahr	100 + 100 = 200	100 + 110 = 210
2. Jahr	115 + 115 = 230	120 + 130 = 250
3. Jahr	130 + 130 = 260	140 + 150 = 290
4. Jahr	145 + 145 = 290	160 + 170 = 330

Eindeutig steht sich der halbjährlich Entlohnte besser.

Lösung 85

Rechner-Kauf:	500
Floppy-Kauf:	750
	1250
Verkauf:	1000
Verlust:	50

Lösung 86
Nüffer erhielt x Mark und y Pfennig, also ist: $(x+100y)-35=2(100x+y)$, das heißt: $98y-199x = 35$. Das Ziel ist, ganzzahlige Lösungen zu erhalten. Ein Trick bei solchen »diophantischen Gleichungen« besteht darin, die Gleichung solange

durch geeignete Divisionen und Multiplikationen umzuwandeln, bis eine der Unbekannten ohne Faktor dasteht. Zu diesem Zweck wird die Gleichung durch 98 geteilt: $y-199x/98=35/98$; anders geschrieben: $y-2x=(3x+35)/98$; der Ausdruck $(3x+35)/98$ muß also eine ganze Zahl sein. Im Zähler dieser ganzen Zahl steht 3x, das ist unbequem, darum wird der Ausdruk jetzt mit einer Zahl multipliziert, die den Faktor von x um 1 größer oder kleiner als ein Vielfaches von 98 macht. Das tut 65. $65 \cdot (3x+35)/98 = 2x-x/98+23+21/98$, und auch das ist eine ganze Zahl. Mithin ist $x=98k+21$, worin k eine ganze Zahl ist. Dieser Wert in die Ausgangsgleichung eingesetzt, liefert $y=199k+43$. Dies sind die beiden allgemeinen Lösungen der oben ermittelten Gleichung. Weil aber y kleiner als 100 sein soll, kann k nur 0 sein. Somit ist die Lösung eindeutig: Der Scheck war für 21,43 Mark ausgestellt, und 43,21 hatte Nüffer bekommen, davon hatte er 35 Pfennig ausgegeben, 42,86 Mark waren ihm also verblieben, das Doppelte des Betrages, für den er den Scheck ausgeschrieben hatte.

Lösung 87

Wolfgang ist Knuts Enkel.